不懂员工激励
如何做管理

激励员工是一门技术活

一本打造企业尖刀团队的管理指南

肖祥银 著

民主与建设出版社

图书在版编目（CIP）数据

不懂员工激励，如何做管理 / 肖祥银著 . — 北京：民主与建设出版社，2017.5
ISBN 978-7-5139-1464-2

Ⅰ. ①不… Ⅱ. ①肖… Ⅲ. ①企业管理 – 人事管理 – 激励 Ⅳ. ①F272.923

中国版本图书馆 CIP 数据核字（2017）第 064377 号

© 民主与建设出版社，2017

不懂员工激励，如何做管理
BUDONG YUANGONGJILI RUHE ZUOGUANLI

出 版 人	许久文
著　　者	肖祥银
责任编辑	郎培培
装帧设计	润和佳艺
出版发行	民主与建设出版社有限责任公司
电　　话	（010）59417747　59419778
社　　址	北京市海淀区西三环中路 10 号望海楼 E 座 7 层
邮　　编	100142
印　　刷	北京盛彩捷印刷有限公司
版　　次	2017 年 7 月第 1 版　2024 年 6 月第 8 次印刷
开　　本	710mm×1000mm　1/16
印　　张	15
字　　数	122 千字
书　　号	ISBN 978-7-5139-1464-2
定　　价	39.80 元

注：如有印、装质量问题，请与出版社联系。

前言 PREFACE

近期，美国的一家咨询管理公司展开了一项调研，结果显示，很多公司中的大部分员工都未能将自己的全部精力投入他们的工作之中。为此，该公司总裁分析，这是由于公司的管理者缺少有效激励员工的方法而导致的，也就是未能激发员工自身的潜能，并调动他们工作的主动性和积极性。

员工既不是企业的机器，也不是企业的成本，而是企业中最重要的资源和财富，同时又是企业在竞争中不断发展壮大的根基。因此，管理者只有善于鼓舞员工的士气，激发员工的潜能，才能让员工与企业共同成长和进步。

激励员工所产生的力量是无穷的，它既能直接影响员工的行为准则与工作理念，赶走员工身上固有的惰性，又能激发员工潜在的创造性以及献身事业和实现自我价值的热情，将员工的意志和毅力、情操和信念提升到一个崭新的层次，从而全心全力地为企业努力工作。

但很多管理者仅仅把激励停留在口头上，这导致很多员工日渐懈怠，并缺乏工作动力，最终不断流失。

现如今的很多年轻员工与过去的员工相比，是不一样的。他们的要求正变得越来越高，但对企业的忠诚度却变得越来越低；他们的个性正变得越来越强，但承受力却变得越来越弱。从前那些仅仅是为了养家糊口，就能够顺从一切、服从一切并且辛苦工作的员工已经难寻踪迹了。

为此，管理者更应该通过对员工的激励来提高他们的工作效率，让他们发挥出自身的潜能，这样才能让企业沿着正确的轨道不断前行。

而一个优秀的管理者，总是能够洞察到员工的不同需求和不同目标，并采取有针对性的、行之有效的激励方式来提高员工的士气，激发员工的战斗力，从而使员工保持最佳的工作状态。

因此，管理者不仅需要掌握更多的激励方法，还要善于运用这些激励方法来激励处于不同状况的员工，这样才能管理好企业，提高企业的凝聚力和向心力，并最终实现企业的发展目标。

本书作者以多年的管理经验，为大家介绍了物质激励与精神激励相结合的多种激励方法。同时，还详细阐述了这些激励方法的优点及注意事项，并介绍了多家国际、国内知名企业的具体案例与方法解读，能够不断地启发、引导管理者的管理思维，把一些肯定、赞美、表扬与奖励相结合的激励技巧作为日常管理中的重要组成部分。相信您阅读完本书，一定能够从中找到适合自己公司或团队的激励员工的好方法。

目录 CONTENTS

第一章
建立激励管理体系，激发员工无限动力

激励的基本内容和原则 / 002
激励的作用和误区 / 007
企业应遵循的激励方式 / 011
企业应避开的激励陷阱 / 015

第二章
赞美激励法——感化员工心灵的催化剂

赞美是最简单的且最好的激励方式 / 020
如何赞美员工，才能激发他们的潜能 / 024
发挥赞美特有的魔力，给员工积极向上的动力 / 029
【名企激励案例】玫琳凯公司的赞美之道 / 033

第三章
尊重激励法——让员工有尊严地工作

要想做好管理，请从尊重员工开始做起 / 038
如何使用尊重激励法，来激励你的员工 / 042
如何尊重员工，才能更好地激励他们 / 046
【名企激励案例】IBM：一部尊重员工的发展史 / 051

第四章
信任激励法——让员工更具使命感

信任激励的三作用、三必要和三技巧 / 056
与员工相互信任，比什么都重要 / 060
信任员工，就是对其最好的激励 / 065
【名企激励案例】海底捞的绝招——绝对信任员工 / 069

第五章
奖惩激励法——让员工痛并快乐着

惩罚也要讲究艺术性 / 074
奖惩激励中的"热炉法则" / 078
即时激励，效果会更佳 / 083
【名企激励案例】海尔：对员工奖惩激励极为严格的公司 / 087

第六章
情感激励法——感人心者，莫过于情

如何进行情感激励，几种技巧来帮你 / 092
情感激励，用自己的真心换取忠心 / 097
感员工心者，莫过于关注其身心健康 / 101
【名企激励案例】老干妈：实行亲情化管理的典范 / 105

第七章
晋升激励法——让员工实现更高价值

晋升，极具诱惑力的员工激励手段 / 110
晋升员工，请内部先行 / 114
只要员工出色，就能得到提拔 / 119
【名企激励案例】麦当劳：给员工向上晋升的机会 / 123

第八章
挫折激励法——激发员工迎难而上的精神

"三明治"式批评法，让批评变为激励 / 128
在挫折中，管理者如何激励员工 / 132
变不利为有利，是挫折激励的有效方法 / 136
【名企激励案例】激发员工勇于创新的3M公司 / 140

第九章
竞争激励法——让员工工作热情爆棚

竞争，让员工充满朝气 / 144
让员工始终处于竞争状态 / 149
良性竞争，既缩短差距又有上有下 / 153
【名企激励案例】麦肯锡公司的竞争激励法 / 157

第十章
榜样激励法——好领导更能激励出好员工

好的管理者就是好的榜样，可以影响一批人 / 162
要想做好榜样，先做好自己 / 166
激励员工前，先要激励自己 / 170
【名企激励案例】重铸东芝辉煌的土光敏夫 / 174

第十一章
股权激励法——把员工和老板绑在一起

实行股权激励之前，需要考虑的问题 / 178
把"让员工干"变成"员工自己要干" / 182
股权激励的本质及其关键点 / 187
【名企激励案例】华为公司的股权激励 / 191

第十二章
目标激励法——让员工每天都有奋斗目标

目标激励，必须要符合实际 / 196
掌握制定目标的原则，发挥其激励作用 / 200
团队凝聚力，来源于共同的目标 / 205
【名企激励案例】娃哈哈：为员工"量身定制"发展目标 / 209

第十三章
管理企业既要懂激励，又要会绩效考核

员工绩效考核制度，必须要设计科学 / 214
运用KPI考核体系来激励员工 / 219
建立业绩评估与薪酬体系，完善激励机制 / 222

附 录

松下幸之助激励员工的21条诀窍 / 226

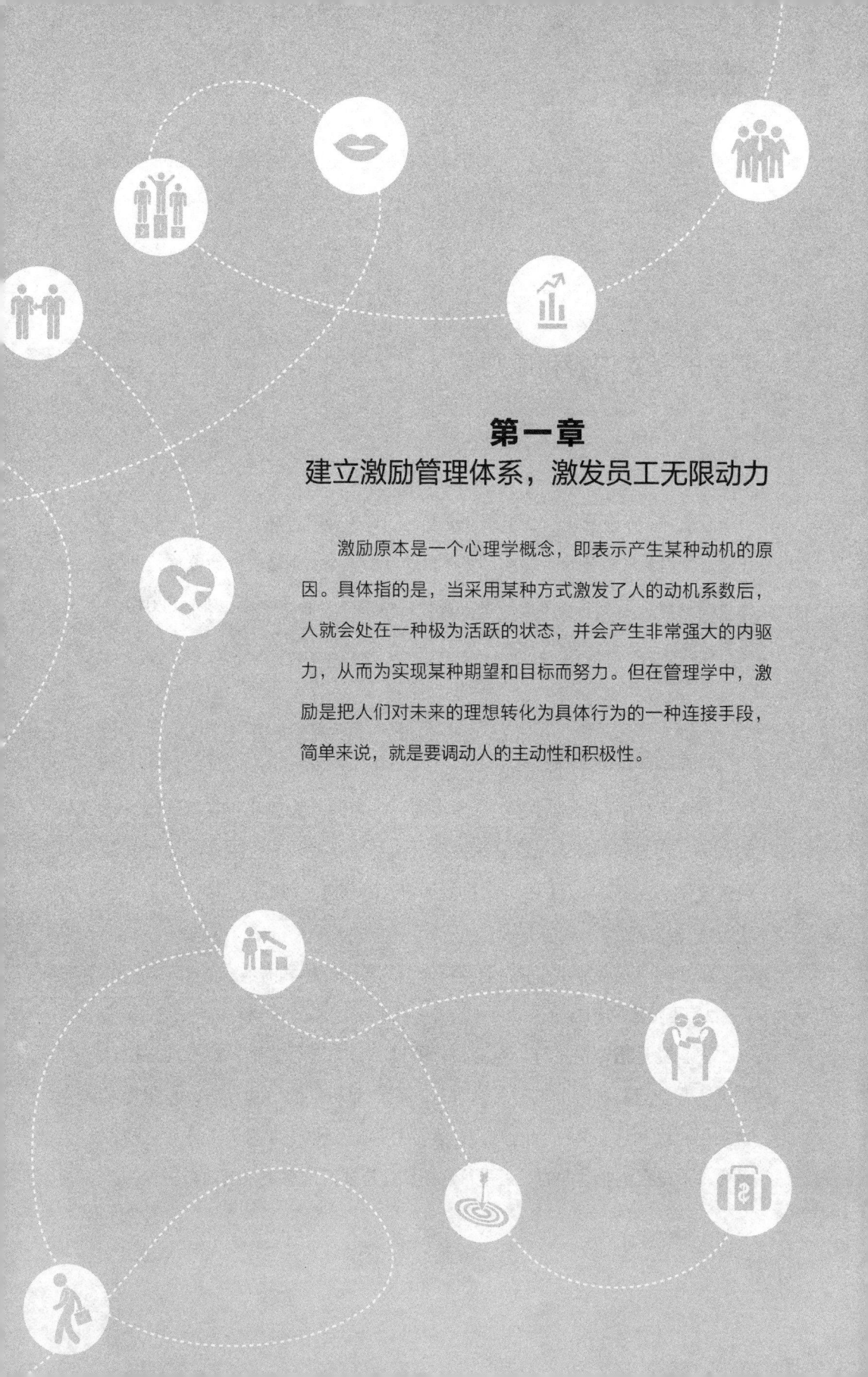

第一章
建立激励管理体系,激发员工无限动力

激励原本是一个心理学概念,即表示产生某种动机的原因。具体指的是,当采用某种方式激发了人的动机系数后,人就会处在一种极为活跃的状态,并会产生非常强大的内驱力,从而为实现某种期望和目标而努力。但在管理学中,激励是把人们对未来的理想转化为具体行为的一种连接手段,简单来说,就是要调动人的主动性和积极性。

激励的基本内容和原则

激励对于企业管理来说是非常重要的。对于如何激励员工，最大限度地调动他们的积极性和主动性，发挥其潜力来为企业创造更大的价值，以及通过激励员工来完成企业的发展目标，已经成为目前很多企业的CEO极为关注的问题。

◎激励包含的内容

企业管理中的激励，是指管理者通过一定的行为规范和奖惩措施，借助语言、行为和制度等措施，来激发、引导企业成员的行为，以期有效实现企业和个人的目标。那么，激励具体包含哪些内容呢？

1. 出发点

激励的出发点是要完成企业及其成员的各种目标和需求。

2. 正负激励相结合

正激励是指对员工符合企业目标的期望行为进行奖励，负激励是指对员工违背企业目标的非期望行为进行惩罚。而科学的激励方法，需要管理者采用奖励和惩罚相结合的方式，既要对超出企业预期的员工进行奖励，又要对不符合企业预期的员工进行惩罚，这样才能取得更好的效果。

3. 需要耐心

管理者激励员工的过程，应贯穿于员工工作的整个过程，其中包括了解、把握员工的个性，控制其行为过程以及评价其行为结果等。也就是说，激励员工是一种锲而不舍的行为。

4. 沟通畅通

在激励员工的过程中，信息沟通是否及时、准确和全面，直接影响到激励的成本与激励的效果。

5. 目标统一

激励的最终目的，是要让企业的目标与员工的个人目标在客观上形成统一。

◎激励有哪些基本原则

通常情况下，激励的基本原则应因人而异，具体包括以下几点：

1. 与目标相结合

在激励的过程中，其关键环节是要设置目标。但目标的设置，应当体现企业的目标与员工的需求相符。

2. 物质激励与精神激励相结合

管理者对员工的激励，应保持物质激励与精神激励相结合的原则。其中，物质激励是基础，而精神激励是根本。

3. 激励具有引导性

对于被激励者来说，激励并不应当是管理者强加的，而应是其自觉接受的。因此，管理者应当通过激励的行为，把个体成员的积极性集中体现到企业的目标中，以期实现个体与集体之间协调发展。

4. 合理性

激励的合理性原则包括：

（1）管理者应按照所实现目标价值的大小来采取适当的激励量，即激励的措施应适度。

（2）奖惩措施应公平。

5. 明确性

激励的明确性原则包括：

（1）明确。明确激励的目的以及应采取的相应措施。

（2）公开。尤其是在管理者分配奖金等员工非常关注的问题时，更需要公开。

（3）直观。激励方法要直观而不能模棱两可，因为直观性与激励影响的心理效应是成正比的。

6. 时效性

激励的时效性非常重要，这能让员工的创造力连续、有效地发挥出来。否则，就会把"雪中送炭"变成"雨后送伞"，且最终起不到激励的作用。

7. 按需激励

激励的最初目的是为了满足员工的需求，但往往会因人而异、因时而异。管理者只有满足员工的最迫切需求时，激励的效果才会最佳。因此，管理者应及时了解员工的需求层次和需求结构，并采取有针对性的激励措施，才能收到最好的效果。

◎管理者正确激励的4个原则

管理者只有正确地运用激励原则，才能提高激励员工的实际效果。具体来说，应注意以下4个原则：

1. 把握激励时机要准确

激励原则就好像是化学实验中的催化剂一样，需要根据化学反应的具体情况来决定使用的具体时间。因此，选择激励的时机是不固定的，也是随机的。管理者应按照具体的客观条件来灵活选择激励的时机，并采取综合激励的方式，才能更好地达到激励员工的效果。如果管理者采用不同的时机进行激励，其作用与效果区别很大。通常情况下，激励时机按照时间的快慢，可分为及时激励和延时激励；按照时间的间隔，可分为规则激励与不规则激励；按照工作的周期，又可分为期前激励、期中激励和期末激励。

2. 激励频率要适宜

激励频率指的是一定时间内进行激励的次数，并以一个时间周期为单位。激励的频率与其对应的效果并不都是一种简单的正比关系，有时候还可能成反比关系。因此，管理者需要根据不同情况来采取相应的激励频率，这样才能最有效地发挥激励作用。激励频率往往受到包括工作的内容与性质、任务目标的明确程度、激励对象的自身素质情况、劳动条件和人事环境等多种客观因素的制约。通常情况下，对于目标任务明确、短期即可见效的工作，应采取比较高的激励频率；反之，则应采取比较低的激励频率。

3. 激励程度要恰当运用

激励程度指的是激励量的大小，即奖赏或惩罚标准的高与低，它是激励机制的重要因素之一，与激励效果联系密切。一般来说，过量的激励和激励量不足，不但难以达到激励的真正效果，甚至还会起到反作用，挫伤员工工作的积极性。这是因为，过低的激励量会让被激励者产生一种不满足感和失落感，进而丧失前进的动力；而过高的激励量，又会让被激励者产生一种过分的满足感，进而丧失上升的动力。因此，管理者在把握激励量时要做到适中，否则，就难以发挥激励的作用。

4. 确定正确的激励方向

激励方向指的是激励的针对性，也就是要针对哪些内容来实施激励。激励方向会对激励效果产生比较明显的作用。人在不同时期，需要的刺激作用往往会不同，当其在某一层次的需求得到基本满足时，现有的某种激励作用就很难再继续保持。因此，此时需要将激励方向转移到满足更高层次的需求上，这样才能更有效地实现激励的目的。也就是说，选择激励方向，应以发现员工优势需求为前提条件。这对于管理者来说，应当及时发现员工在不同阶段的优势需求，并及时确定正确的激励方向，以提高激励员工的效果。

激励的作用和误区

> 激励是调动员工的主动性和积极性的一种管理方法，这需要管理者采取多元化、立体化以及动态的、可持续的激励机制，来激发、维持和延长激励员工的效果。为此，管理者应该建立一种科学的激励制度，来充分发挥激励员工的作用。

◎科学的激励制度的作用

企业建立一个科学的激励制度，可以带动员工的工作积极性和工作热情。那么，科学的激励制度有哪些作用呢？

1. 将优秀的人才吸引到企业中来

企业可以通过制定各种优惠的政策和丰厚的福利待遇，以及方便、快捷的晋升途径来吸引企业所需要的人才，尤其是对于那些竞争力强、实力雄厚的企业来说，更是如此。

2. 大力开发员工的潜能，充分发挥其聪明才智

员工在受到充分激励的情况下，其潜能可以被大大激发，从而充分发挥出工作的创造性和革新的精神，甚至还会主动提高自身素质，以应对企业的发展。

3. 为企业留住优秀人才

一些非常优秀的员工需要的激励不只是金钱，还有尊重、职位、荣誉、工作环境等方面的需求，而企业如果能为这些优秀的人才建立起一种科学的激励制度，就能够留住这些人才。

4. 为企业形成良性的竞争环境

在科学的激励制度中，都会保留一种竞争精神，并给企业创造出良性的竞争环境，进而形成良性的竞争机制。在这个具有竞争性的环境中，企业的员工就会受到环境的压力，进而将压力转变为努力工作的动力。

某公司新来了一位行政经理，名叫徐妍。她上任后发现，公司的档案管理十分混乱。于是，她带领行政部的全体员工，利用双休日的时间，对公司所有的档案进行整理。

周一一大早，公司的副总兼行政总监一走进档案室，看到经过整理的档案室，档案的分类变得更科学，也更容易查找，就笑着对徐经理说："你们部门的人全都辛苦了，不但牺牲双休日的休息时间，还让大家都懂得了如何管理档案。为此，请代我向你们部门的其他人表示感谢。并且，请不要忘了给大家全都记两天的加班。"

随后徐经理就把行政部的所有员工召集起来，对他们说："副总今天表扬了我们部门，说我们加班把档案整理得很好，还特意交代双休日的工作计入加班工资，因此，我要特别感谢大家对我的大力支持。"大家听后，全都鼓掌欢迎，连加班带来的劳累也都忘得一干二净了。

我们从这个案例中可以看到，徐经理通过科学、有效的激励制度让加班工作的员工们毫无怨言，甚至忘记了工作的劳累，从而为企业创造了一个良好的工作环境。

◎ 激励并不是万能的

虽然很多企业在采用激励手段时的效果十分明显，但与此同时，我们也必须认识到，对于企业管理来说，激励绝对不是万能的。

1. 激励的效果不能决定企业的未来

激励的目的是为了完成企业的战略目标，但实现激励目的的前提是，企业战略的大方向必须是正确的。否则，就会出现，激励的力度越大，员工就越努力，但距离目标却越来越远，也就变成我们所熟悉的"南辕北辙"。比如，曾经的全球电信业巨头——美国的朗讯公司，曾作为通信领域的"巨无霸"而为人所熟知，其激励手段既丰富又得力。但随后由于公司在发展方向上的错误，最终导致破产、被收购的结局。据相关资料显示，有超过85%的企业破产，是由于其决策失误造成的，而与激励无关。

2. 目标要有现实性

目标是否具有现实性，关系到激励的效果能否实现。也就是说，如果制定的目标本身根本就不可能实现，那么即便是采取任何激励措施，也绝对不能实现目标。

3. 企业要具有相关的配套资源

企业是否具有相关的配套资源，对于完成激励的效果至关重要。举例来说，蒙牛公司有一种"目标倒推"的理论，也就是企业特别强调资源配置。因此，在设定目标的同时，首先要考虑如何配置资源，甚至在其创业之初，就敢于拿出募集资金的1/3用于市场推广，这样才能让蒙牛的业绩在当时逐年翻番。

4. 企业的文化氛围很重要

企业文化是极其重要的，但往往会被很多企业忽视。良好的企业文化氛围具有推动企业发展的作用，它能够提升企业成员的精神境界，从根本上保证企业人际关系的和谐性、稳定性和健康性。如果没有良好的文化氛围，激励机制就很难顺利实施。

◎ 企业实行有效激励的建议

近些年来，企业越来越重视对员工实行有效激励，但在具体实施的过程中，企业还应注意以下几点：

1. 信任员工增强其责任感

管理大师松下幸之助曾提出管理员工的21条技巧，其中有一条就是"信任你的员工，赢得他们的忠诚与信赖"。松下幸之助还特意指出，我们是因为相信下属才会决定录用他们的。没有什么比信任更能让他们激情澎湃地努力工作了。

2. 尊重员工，给其最大的满足感

尊重代表着一种平等，同时，尊重也是一种对员工的认可。管理者要尊重员工的工作，即便他们的工作有一些不完美之处，也不要对其全盘否定，要给他们一些适度认可和安慰，这样就能够给员工最大的满足感。

3. 强化对员工精神方面的激励

人们都很喜欢得到物质激励，但物质激励所带来的满足感是有限的，也是不能持久的。要想调动员工工作的积极性，更重要的是对其进行精神激励，比如赞美和认可，以及给员工一个成长、发展和晋升的机会。

4. 超越预期的激励非常重要

如果激励超越了预期，那么员工的满意度就会大大提升；反之，则会降低。而一个人所得到的满意程度，又将会影响其对未来的价值判断。因此，给员工一种超越预期的激励非常重要。

企业应遵循的激励方式

> "激励"是所有企业都普遍适应的一种通用法则，但激励的过程比较复杂，而且会因企业而异。如果管理者采取一种有效的激励方式，即可正面调动员工工作的主动性和积极性，否则，就难以起到很好的效果。那么，管理者在激励员工时，应遵循哪些激励方式呢？

◎企业的战略高度，应引导员工的激励方式

管理者在激励员工之前，首先要解决一个问题，那就是为什么要激励员工？如果采取盲目的激励行为，就有可能只是变成员工的一种福利，根本不能实现预期的效果。

有一家民营企业的老板，他的企业最近几年效益很好，公司产品的销售额一直都在增长。但他却遇到了一个棘手的问题，那就是有很多员工的工作热情不高，做事情的积极性也不足，似乎整个企业就只有依靠老板一个人在打拼。

为此，该企业老板感到身心疲惫。于是，他采取了一个非常简单实用的办法来激励他手下的员工，那就是直接给他们涨工资。最初，员工们都十分高兴，表现出的干劲也很足，这让老板感到很高兴。

但仅仅一个月过后，老板发现这些员工又全都恢复到了原来的状态。也就是说，老板采取涨工资的办法，根本没有达到预期的理想效果，但此时又不能轻易地降回去。因此，他非常懊恼，可又无可奈何。

对于企业来说，激励员工的目的是引发员工达成公司的战略目标，即把激励的重心放到公司未来的战略上。而对于员工来说，对他们激励什么，他们就重视什么。员工通常不会特别在意公司宣扬的战略，只会按照公司奖励的内容去做。因此，企业管理者应当按照公司的战略高度来给员工制定具体的激励措施。

◎ 激励的标准应事先约定并明确

管理者在对员工采取激励行动前，应该让他们清楚，要做到什么程度才能得到奖励，即激励的标准。管理者只有做到标准明确，员工才能明确自己日后的工作方向，这样，也不会让未来的评估和奖惩出现模糊不清的状况。

而另一方面，对于激励所达到的标准，都要事先与员工进行充分沟通，以达成相互之间的共同约定。对于有些情况比较复杂的工作任务，其标准可能不会一次性就构建好，而往往需要在双方的沟通过程中不断地协商才能确定。

某公司的一位项目经理采用了这样的激励方法：他首先给下属员工放权，让他们有充分的决策权，并赋予员工更多的工作和责任。同时，他还一改之前总是采用批评教育员工的管理方式，采用赞赏的方式来与他们沟通。

但没过多久，这位项目经理的下属员工的工作积极性不但没有丝毫提高，反而他们的不满情绪却大大增加了。员工一致认为，项目经理只是通过一些花言巧语来欺骗他们工作，而他们更希望的是，与其责任对等的薪酬水平的提高。

此外，因为这位项目经理只是表扬员工，而犯错的一些员工却没有得到任何惩罚，这也引发了员工的群起效仿，使得这位项目经理的威信大降，其管理效力也逐渐降低。

案例中的项目经理原本想要激励员工，但却事与愿违。其症结是，对员工选错了激励方式。他只让员工增加工作的内容和责任，却没有相应提高他们的收入，导致劳动与报酬不对等，员工自然会产生不满。另外，项目经理采取只表扬而不惩罚的方式来对待员工，导致员工的心理出现不平衡，他们认为经理非常软弱，并且缺乏原则。

因此，管理者应当做到激励的标准明确，且事先与员工沟通，了解他们真实的需求，然后选择按需激励，这样才能起到应有的效果。

◎应信守双方承诺好的激励政策

管理者要想实现用激励政策激发员工工作动力的目的，就必须实现以下两个"相信"。

1. 让员工相信自己能够完成事先约定好的标准

要想让员工相信自己能够达到事先与管理者约定好的标准，就要使其对自身的能力有一个很好的评估，并为其制定一个符合其达到目标难易程度的标准。员工认为自己不可能完成的目标，是根本不具备任何激励效果的。

2. 让员工相信公司能够兑现其承诺

要让员工相信，管理者给员工制定的激励目标一旦达成，公司肯定会兑现承诺，即给予他们事先约定好的奖励。因此，公司要在员工的心目中树立公信力。

◎要综合应用多种激励方式

简单来说，激励方式分为物质激励和精神激励，但物质激励和精神激励又可以分为奖惩、股权、赞美、信任等很多具体的激励方法。由于人类的需求既有多元性，又具有复杂性，因此，企业有效激励员工的方式，不应该只依靠某一种或某两种方法，而应该采取多种方法的组合激励方式。

此外，对于公司很多不同的岗位，以及不同级别或层级的员工，其激励组合的方式也应有所不同，应当针对员工的不同情况，对其进行个性化地激励。

◎激励应具有一定的力度

激励的直接目的，是要激发员工向上的动力与行为。要想做到这一点，就要让员工的心理有感觉，也就是要跨越员工的感知底线，这样，其"心动"才能变成日后的"行动"。

对于激励的力度，我们以"加薪"为例。心理学专家经研究后发现，能让员工感到心动的最低加薪幅度是11%。也就是说，如果一个员工的工资是5000元，那么至少应该加薪550元，员工才会有涨薪的感觉。

否则，如果只给员工增加300元，那么尽管公司已经增加成本，但员工并没有什么感觉，激励的效果就不能达到。其实，激励的力度并不只是一个绝对数字的问题，还会有其他方面的问题。比如，激励的力度与激励的形式也有很大关系。

企业应避开的激励陷阱

> 激励是企业人员管理的一种重要手段。它能有效协调员工与企业目标之间的关系,充分调动员工的主动性与创造力。但如果采取的激励措施不当,就很难达到一个理想的激励效果。我们把这些不恰当的激励措施称为"激励陷阱"。

◎制定激励方案时,不考察员工的特性

公司在为员工制定激励方案时,不要千篇一律,而要按照员工特点的不同来制定相应的激励方案。举例来说,如果员工能够勇担重任且很有发展前途,就可以考虑采用晋升激励或者股权激励的方式;如果员工的职位、能力一般,就可以采用奖金激励的方式,来促使其努力工作。

此外,如果员工的年龄层次不同,也可以采用不同的激励方式。比如,对于年龄较大的员工,要注重其工作的稳定性,所以在其工资的构成中,将固定工资的比例适当提高,而奖金的比例则可以相应地减少。对于大学刚刚毕业的新员工来说,应注重公司能够为其提供一个充分施展才华、发挥潜能的舞台,所以对其在职位上的激励可能要比在薪酬方面的激励更有效。因此,在他们的工资构成中,可将固定工资的比例调低一些,而将奖金的比例适当调高一些。

◎ 设定奖励的上限

很多公司都会设定奖励的上限，而且往往只有表现最突出的员工才能够达到这个上限。

例如，公司把获得1%提成的销售上限设置在每个月业绩不超过50万，如果超过50万就不能继续获得提成。如果这样设定，就会让一位非常出色的销售人员确保其月度销售业绩保持在50万元左右即可，因为再高的销售业绩（超过50万）也没有实际意义。

这个激励措施能够反映出公司的真实想法，也就是说，公司根本不愿意为超过50万以上的业绩来支付提成，也显然说明他们并不希望员工的销售量超过这个数字。但如果所有的员工都按照这个标准去做的话，结果就是无人能够超过这个上限。这样，公司制定的奖励上限的制度就会成为阻碍公司业务发展的一个瓶颈。

◎ 员工的晋升激励未能得到正确使用

员工的晋升激励也是一个非常重要的激励方法。但晋升激励的效果，取决于员工晋升的概率，以及职位提升后的收入增加情况。如果员工得到提升的机会太多或者太少，激励的效果就很难体现出来。

因此，在公司的组织架构上，应该考虑到晋升概率的大小、晋升职位的数量以及晋升时间等因素，这些都会大大影响员工的工作动力和对自身前途的期望。

举例来说，如果公司的发展速度非常迅速，就会有很多新的晋升职位不断出现，这样，对员工应当以晋升激励为主。但当公司的业务出现萎缩，并逐渐减少管理层的数量时，应当考虑以奖励为主的激励措施。

◎ 激励措施中的考核标准不统一

公司制定奖励措施，肯定是为了让公司的业务更好地发展。但如果激励制度的考核标准不统一、不规范，那么在执行阶段就会出现问题。

例如，通常情况下，公司为了提升销售额，就会为销售业绩高的销售人员提供一定的奖励。这种做法本身并没有什么问题，但关键的问题是，达到什么样的业绩才应当获得奖励呢？如果公司按照销售额来计算业绩的话，就可能出现部分员工私自降低销售价格，甚至为了提高销售量，而把销售价格降到公司的底线，最终导致销售量上去了，利润反而降低。

这种并不完善的激励方法根本不利于公司的良好发展。因此，对销售人员来说，最合适的考核标准应该是能够为公司带来最丰厚利润的销售业绩，即销售人员应该因为创造销售利润而获得公司的奖励，绝不能只把关注点局限在销售业绩的总额上。只有这样，他们才会更有动力在销售更多产品的同时，还能确保销售价格能够为公司带来丰厚的利润。

◎ 奖励与风险之间不平衡

如果一个公司的业务简单但利润高，其风险回报的模式就会出现严重扭曲。

例如，如果公司业务中的绝大多数现有收入来源于少量的核心客户，就会希望能够扩大公司的客户群范围。所以，在激励措施中增加了这样的条目：当销售人员为公司开发了新客户，即可将销售提成由1%提升至10%。

如果我们只是从激励的角度来看这个激励措施，的确很有效。但如果真是这样，销售人员就可能会立即将公司业务的重心放到寻找新客户上，甚至对维护现有客户开始缺乏动力。因为他们找到新客户得到的好处要明显大很多。这就势必会影响到销售团队的既有文化，并会导致发生重大问题，也就是流失现有的客户。

因此，一个优秀的激励方案，必须要做到奖励与风险之间保持平衡，才能保证公司的良好发展。

◎协调不利

很多公司在涉及利益方面的问题时，肯定会发生冲突。这是因为，即便是在同一个公司，不同部门之间也难以做到完全统一。

例如，在公司的同一个项目中，会计部门最希望的是，能够在两天之内完成所有工作，这样便于他们开发票，进而收获奖励。而运营人员最关注的是，让工作处在执行的动态过程中，因为他们的职责就是让项目维持在高效运行的状况中，这是他们激励计划的基础。

也就是说，一个部门希望项目尽快完成，一个部门希望项目可以持续进行。因此，在两个部门之间协调不利的情况下，双方发生冲突的情况便难以避免。

但公司此时可以对现有的运营流程进行调整和优化，把发生冲突的概率降到最低。让这些部门的所有员工都明白，不管是从自身的利益出发，还是从总体的利益考虑，他们都应当相互协调，避免冲突。

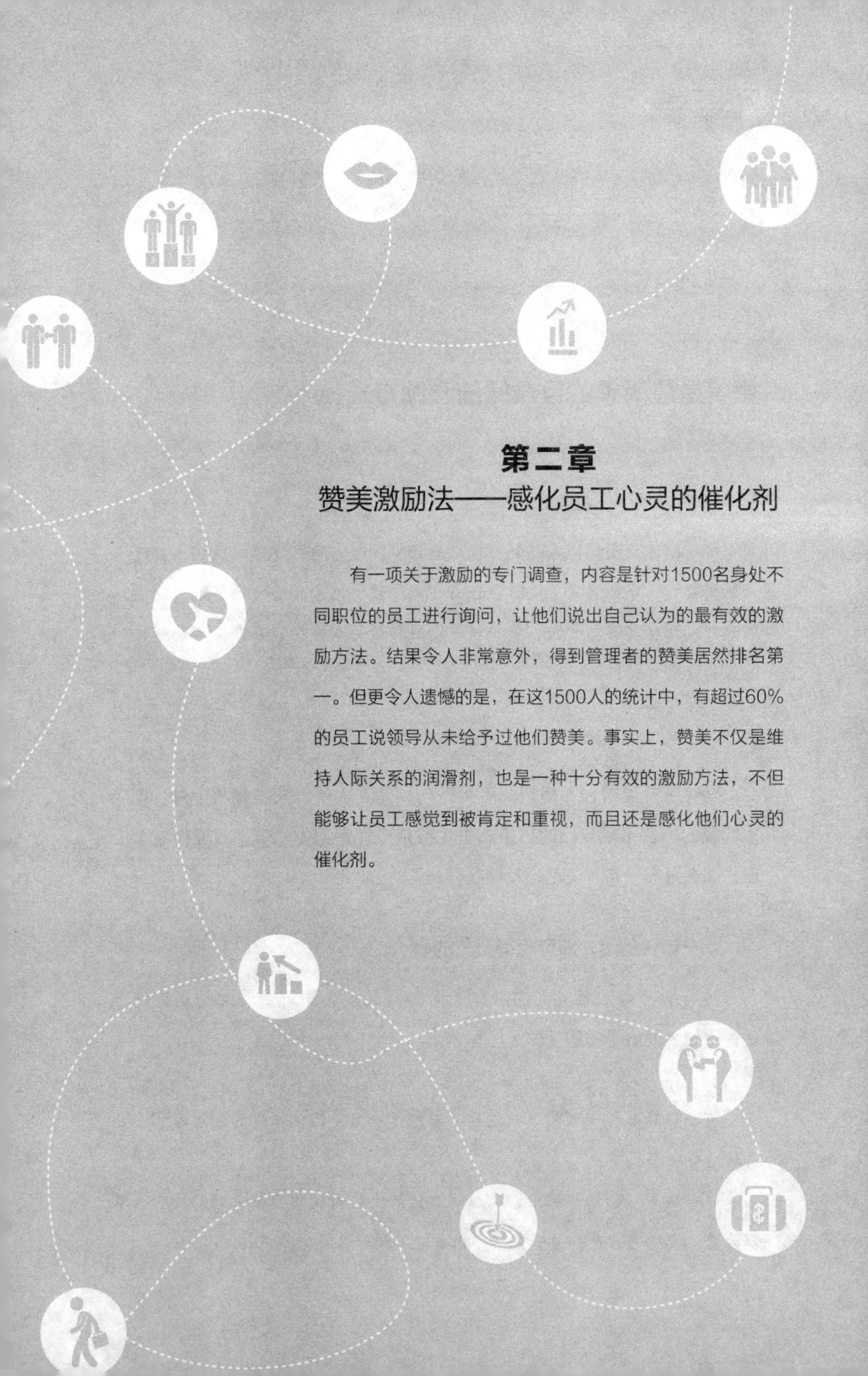

第二章
赞美激励法——感化员工心灵的催化剂

有一项关于激励的专门调查,内容是针对1500名身处不同职位的员工进行询问,让他们说出自己认为的最有效的激励方法。结果令人非常意外,得到管理者的赞美居然排名第一。但更令人遗憾的是,在这1500人的统计中,有超过60%的员工说领导从未给予过他们赞美。事实上,赞美不仅是维持人际关系的润滑剂,也是一种十分有效的激励方法,不但能够让员工感觉到被肯定和重视,而且还是感化他们心灵的催化剂。

赞美是最简单的且最好的激励方式

> 赞美，能让懦弱的人鼓起勇气，能让徘徊的人确定方位，能让盲目的人找到目标，能让自卑的人收获信心，能让软弱的人意志变得坚定，能让成熟的人强化其身。总之，赞美虽然是一种最简单的语言方式，却是一种最好的激励方式！

马克·吐温曾说，他只需听到一句得体的称赞就能陶醉两个月。现实中的我们，都希望自己的成绩和进步被别人肯定，如果管理者懂得这个道理，那么只需一句赞美话，就能赢得员工的心。

◎一句赞美话，即可赢得员工的心

赞美能够有效激发人的潜在能力，但很多人却对赞美激励法认识不足，比如下面例子中的这位上校军官。

有一位绩效管理顾问名叫艾伦，曾经是一名美国陆军部的训练军官，她讲过这样一个故事：

在一次军官的培训课中，有位叫乔治的上校对使用赞美激励的技巧很不以为意，他感觉只是一句赞美话，根本起不到什么激励效果。

等到训练课程结束后没多久，乔治做了一份非常出色的简报，他的将军上司看后称赞连连。

于是，将军想要赞美乔治，就命人找了一张黄色的图画纸，并将其折成一张精美的卡片，写上"太棒了"之类的赞美语言。最后，将军召见乔治，当面称赞他简报制作得十分出色，并把那张写着赞美话的卡片交给他。

乔治接过卡片，拿在手里读了一遍，读完的一刹那他站在原地愣了几秒钟，接下来连头都没有抬，就迅速走出了将军的办公室，将军感到有些不明就里，他想：难道我做错了什么吗？

于是，将军尾随着乔治出来，他想看看乔治的具体反应。结果，乔治居然到各个办公室转了一圈，他正非常开心地向其他人炫耀着那张赞美他的卡片。

故事讲到这里还没有结束，乔治终于从将军那里学会了赞美激励，并将其发扬光大：他专门找了一家设计印刷的工厂，制作了一批用来赞美其他人的专用卡片，一旦他的下属官兵中有人取得进步，乔治就会当面赞美他们，并发给他们一张精美的赞美卡片。

赞美的形式很多，比如当众赞美、单独赞美、传递赞美等。这些形式可以扩大赞美的内容与范围，以增强赞美激励的效果，但最重要的是，管理者应当时刻具备赞美员工的意识。

这是因为，与其他激励方式相比，赞美激励几乎是零成本的，只需通过管理者的语言或举止，即可达到帮助员工建立自信的目的，而且前面也已经提过，赞美激励是对员工最有效的激励方法。因为管理者只需做出一个简单的赞美，或是一个赞许的目光，或是一句真诚的鼓励，就能激发员工自动地强化自身的优势，并自觉地去学习别人的特长，从而实现企业和员工共同提高的目的。

◎赞美员工，就是寻找他的闪光点

在现实工作和学习中，很多人都对自己的长处和特点，甚至一些细微的优势和特长没有发觉，但如果员工的这些闪光点能够被管理者发现并立即认可，就会起到提醒员工加强自己在这方面的优势并增强特长的效果。这样经过管理者对员工的多次激励赞美，就能够让员工的行为逐渐转变成内在的素质，进而滋生出一种长期向好的行为。

因此，管理者不但要对员工的有益行为进行及时、适度地赞美，还应准确地抓住员工的优势和特长，为他们提供精神动力。这需要管理者及时寻找员工身上的闪光点，并进行适时的赞美。因此，当我们不知道如何去赞美一个人时，是由于没有带着发现对方的眼光。

纽约历史上的第一位黑人州长，名叫罗杰·罗尔斯。而他的出生地，是纽约最声名狼藉的一个贫民窟，那里犯罪率极高，吸毒、抢劫，甚至枪杀案也是屡见不鲜。出生在这里的孩子，长大以后很少有人能够获得比较体面的职业。

但罗杰·罗尔斯却是一个特例，因为他是纽约历史上的首位黑人州长。那么，他是如何做到这一点的呢？这就不得不提到一个陌生的名字——皮尔·保罗。

皮尔·保罗是罗杰·罗尔斯的出生所在地纽约大沙头贫民区一所小学的校长兼老师。当时正值20世纪60年代，美国的嬉皮士文化十分流行，而罗杰·罗尔斯这个穷孩子的小学生活，要比"迷惘的一代"还无所事事：他们每天都会旷课、打架斗殴，甚至把教室的黑板、玻璃全都砸烂。

一次，当罗尔斯从砸碎玻璃的窗台上跳下来，伸着他的小脏手，若无其事地走向讲台时，皮尔·保罗的脸上立刻充满赞许的目光，他微笑着对罗杰·罗尔斯说："你的小拇指长得这么修长，我一看就知道，你这个孩子将来一定会成为纽约州的州长。"

罗尔斯听后大吃一惊，从小长到大，只有自己年迈的奶奶曾经赞美过他，说他长大后能够成为一艘5吨重的小船的船长。而这一次，他的校长兼老师，皮尔·保罗先生竟然说他可以成为纽约州的州长！

于是，罗杰·罗尔斯记住了老师的这句话，并对此坚信不疑。从这时起，老师的那一句"成为纽约州的州长"变成了指引他人生道路的一面旗帜。

此后，罗杰·罗尔斯身上的衣服不再沾有泥土，也不再像其他小伙伴那样脏话连篇，很快，他当上了班主席，并在日后的40多年里，罗杰·罗尔斯始终都在按照州长的身份来严格要求自己，直到51岁那年，罗杰·罗尔斯真的竞选成功了，当上了纽约州的州长。

在罗杰·罗尔斯的就职演说中，他说了这样一句话：我从小的信念，是从我的老师——皮尔·保罗的一句赞美话开始的。

从这个案例中我们可以得知，人的自信往往是从别人一句由衷的赞美中获得的。对人最残酷的伤害，就是对其自信心的伤害；而给人最大的帮助，就是给他一句由衷的赞美话。因此，对于管理者来说，无论你的员工有多差，都要多鼓励、赞美他们，这样他们才能更自信。

如何赞美员工，才能激发他们的潜能

> 心理学家曾说，我们每个人都会有虚荣心。如果满足一个人的虚荣心，就相当于认可或提高了他的价值，他就会心甘情愿地为你做事。那么，怎样做才能满足一个人的虚荣心呢？其实最简单的、最好的方法就是赞美他，对他说好话。

任何人都喜欢听一些赞美自己的话，这是人的一种本能。而一旦听到别人的赞美话，就会感到开心，也会感到振奋。很多人尤其是管理者，虽然懂得赞美的重要性，但是却不清楚赞美的方法与技巧，那么管理者应该如何赞美员工呢？

◎要及时赞美员工

员工的工作能力、态度和效率，管理者每天都会面对的问题。管理者对员工的这些表现适时地予以赞美，也就是对其工作行为的一种真实反馈。这种赞美的反馈必须及时，才会收到最佳效果。

对一个员工来说，当他的工作任务完成以后，就会希望管理者对其工作成绩有一个判断，如果员工能够及时得到领导者的赞美，那么就会带给他兴奋感和满足感，使其得到鼓励和信心，且会让这种好的表现延续。

如果管理者对员工的赞美不及时，就会使其高涨的情绪冷却下来，此时，赞美激励的效果就会大打折扣。因此，不管是员工取得突出成绩，还是仅有一些细微的进步，管理者都应该及时地赞美员工。

但值得注意的是，管理者也不能提前赞美员工。这是因为，如果员工的工作还没有完成，就只能对员工的工作态度和方式进行赞扬，此时并不能取得很好的效果，甚至还会增加员工的工作压力。时间长了，员工就会对赞美产生一种条件反射式的反感。

有一位在王府当差的厨师，其拿手好菜是烤鸭。他制作的烤鸭外酥里嫩，且酥而不腻，是烤鸭中的极品，深受大家的喜爱，同时也是王爷的最爱，他每天都会点这道菜。但王爷却从来没有赞美过厨师，这让厨师感到有些郁闷。

有一次，王爷家里有贵客拜访，王爷亲点他最喜爱吃的烤鸭来招待贵宾。厨师奉命行事，但在用餐时王爷却发现只有一条鸭腿，便问身后的厨师说："另一条腿到哪里去了？"

厨师说："禀告王爷，府中养的鸭子只有一条腿！"

王爷听后感到十分诧异，但碍于贵客在场，也不好深问。

饭后，王爷跟随厨师来到王府中的鸭舍一探究竟。时值夜晚，鸭子正在睡觉，就只露出一条腿。厨师对王爷说："王爷您看，是不是鸭子只有一条腿？"

王爷听后大声拍掌，立刻惊醒了鸭子，于是鸭子都站了起来。

王爷对厨师说："你看，这不是两条腿吗？"

厨师回答说："王爷，您说得太对了，不过只有鼓掌拍手，才会有两条腿呀！"

我们从这个案例中看到，赞美员工一定要大声说出来，这样才能更好地激励员工的工作热情。

◎ 要学会在第三者面前赞美员工

管理者赞美员工，是让他们的心理产生满足感，是体现其自身价值的主要方式之一。但在职场上，也会出现另外一种相反的情况。

举例来说，当管理者直接赞美员工时，对方可能会以为只是领导的一种口是心非的应酬话或恭维话，进而认为其目的只是为了安慰而已。这可能会招致员工的反感。

但如果赞美是通过第三者传达的，那么其赞美效果就会大不相同。这时员工就一定会认为管理者的赞美是认真的，就能够真诚地接受赞美，并更乐于接受管理者的领导和指挥，进而得到相应的激励。

其实，在工作、生活中这种方法很常见。比如，当管理者准备评价员工的工作时，即可采用这个方法。举例来说，管理者为了赞美员工，就故意在他的妻子面前赞美他。再比如，一些聪明的家长，在希望自己的孩子用功读书时也可采用这种赞美方法。

◎ 给员工真诚、具体的赞美

虽然说人们都希望得到赞美，这能显示自己的价值，但他们更希望得到的是真诚和具体的赞美，而不是随便说说而已。

如果管理者还不了解员工，就对其说一些诸如前途无量之类的公式化赞美语言，就会显得缺乏真诚，也难以真正打动对方的心，更不能起到激励的效果。举例来说，如果管理者赞美一个员工非常能干，却没有赞美具体是哪件事情显得员工能干，这样就相当于管理者只是泛泛地赞美员工的工作能力，就好像是将一杯水倒入大海，难以起到应有的激励作用。

因此，对于管理者来说，赞美员工有哪些具体的工作干得更出色要比泛泛地赞美员工的能力更加有效。

◎给员工公开、得体的赞美

如果员工的工作业绩比较出色，为了更好地激励员工，管理者就可以采用公开赞美的方式来对其进行表扬。一方面能够让公司的其他员工都看到他的工作业绩，另一方面也强调了这样一个原则，那就是员工要想得到赞美，就要让你的工作非常出色。

比如，很多公司经常召开内部表彰大会，以表彰一些先进员工，激励其他员工向被表彰的员工学习。此外，管理者还应对单个员工进行赞美或表彰，这样的激励效果才会更加明显，并能最大限度地发挥赞美的作用。

第二次世界大战期间，美国陆军航空队的一位大队长史密斯发现了一件让他感到非常震惊的事情：因机械师的保养不良而导致飞行事故，并最终损失的飞机数量，竟然与敌军交战所造成的损失数量是一样的！

为此，史密斯采用了很多种方法来解决这个问题，但效果都不太理想。后来，史密斯专门制定一个制度，就是对那些在保养、维护工作方面做得好的人员给予奖赏。奖品其实很简单，只是发给他们一些奖状或军中福利品，有时也会给予他们两天的假期。

史密斯看到这种奖赏效果还不错，于是他决定扩大奖励效果：即为奖赏人员举行一个很大的颁奖典礼，拍下他们的照片，并把照片刊登到受奖赏人员家乡的报纸上，而且史密斯还会亲自为他们写一封特别感谢信。

实际上，这些奖励本身也许不值多少钱，但所带来的肯定与赞美，特别是得到家乡人民的肯定与赞美，其意义是十分重大的，这恐怕是很多金钱都无法比拟的。因此，史密斯所在的这个大队，很快就成了飞机保养维护的最高纪录保持者。

这个案例说明，给员工公开的称赞，可以起到两个作用：一是鼓励那些被赞员工，让他们感受到管理者对其所做成绩的肯定和赞赏；二是为其他员工树立榜样，以激励他们努力工作，进而做出好成绩。

◎管理者的赞美必须公正

在工作中，某些管理者会有一些自我的偏见和束缚，那就是对自己喜欢的员工，往往会给予过多的赞美；对于自己不喜欢的员工，即便是他们做出一些成绩也往往会视而不见。这样做就会引发很多员工的不满情绪，进而将矛盾激化，也就是说，如果管理者不能做到公平、公正地赞美员工，就一定会导致管理上的失败。鉴于此，管理者在对员工进行赞美时，需注意以下两点：

1. 公正对待有缺点的员工

不能因为看到员工的某些缺点，就看不到他们取得的成绩和进步。因为赞美是一种无形的力量，如果赞美有缺点的员工，更能激励他们弥补自己的短处和错误，否则，就会让他们失去上进的动力。

2. 公正对待能力比自己强的员工

公司中有才能的人很多，如果管理者心胸狭窄，就很难容得下这些能力比自己强的人。如果不能做到公平、公正地称赞他们为公司所做出的贡献，就会很难服众，甚至会将这些有能力的员工逼走，从而给公司造成很大的损失。

发挥赞美特有的魔力，给员工积极向上的动力

> 著名心理学家威廉·詹姆斯曾说过，在人类的性情中，最强烈的渴望就是受到他人的认同。对于员工来说，也都有渴望被管理者赞美的心理，而一旦这种被赞美的心理需求得到一定程度的满足，即可转化为员工积极向上的精神动力。

生活中不乏这样的例子：一句简单的赞美，即可让一个放牛班的学生变成一位著名的化学家；一句简单的鼓励，就能让原本羞涩、内向的人成为大众喜爱的演说家。太多的事实证明，赞美的语言，就像给人施了魔法一样，奇迹般地改变了太多人的命运。

◎今天，你赞美员工了吗

著名的哲学家杰丝·蕾尔这样说道："对于人类的灵魂来说，称赞就好像给予我们温暖的太阳一样，缺少了它就不能健康地成长。但生活中的很多人，却非常吝啬把像阳光一样的赞美语言说给别人听。"

管理者对员工的赞美并不能让管理者本人受益，而是让受到赞美的员工受益，甚至会喜出望外。因为他们在内心深处会感觉到温暖、愉悦，这是由于管理者注意并在意他们的缘故。

松下幸之助曾说过，世上肯定没有十全十美的人，但绝对不会有一无是处的人。因此，作为管理者，如果总是感觉员工到处都是缺点，用"鸡蛋里挑骨头"的态度来对待员工，那么时间长了就会发现，身边甚至没有可用之人。等到分配一些重要任务给员工时，就会感觉给谁都会不放心。

反之，如果管理者能够用欣赏的眼光来找出员工身上的优点并给予一些赞美的话，那么员工就会因为受到尊重而感到十分振奋，对于管理者交代的工作，也能非常愉快地完成。这样不但能够使员工发挥出极高的工作效率，甚至管理者还可以就此挖掘出一些优秀的人才。

因此，如果员工有值得赞赏的地方，管理者就应立即给予赞美，这样我们的管理就会容易很多。

◎赞美能够使人成功

在日常管理中，责备和批评员工，只会增加对方的怨恨和不满。管理者要想避免这种状况的发生，就应该尝试使用一些赞美的语言，这样能带来很多奇妙的效果。因为只要员工听到有人赞美自己的某个优点，就会竭尽全力来维护自己的美誉，深恐辜负了别人的美誉。

也就是说，肯定和赞美，能够用来作为教导员工的一个非常重要的技巧。举例来说，拿破仑曾经对于肯定和赞美所产生的效果感到非常震惊，因为有人告诉他，他的很多士兵为了拿到皇帝的一枚勋章，就可以做出一些令人意想不到的英勇行为。

在美国，有一位少年名叫史蒂夫·莫里斯，因早产了四个月，结果一出生就被放到了婴儿的保育室里。后来由于一次医疗事故，导致他变成了一个盲人。

但史蒂夫·莫里斯的耳朵却十分敏锐，并自小就对音乐表现出极大的兴趣。在史蒂夫·莫里斯七岁时，他开始在盲童学校学习和生活。但此时，他是一个黑人、穷人和盲人，集这三种身份于一身，似乎意味着史蒂夫·莫里斯的生活将会非常艰难。

有一天，老师请史蒂夫·莫里斯听声音辨认位置，以找到从学校实验室那里逃走的老鼠。史蒂夫·莫里斯顺利地完成了任务，于是老师对他大加赞赏。

老师的认可使史蒂夫·莫里斯开启了他的崭新人生：他以自己的天赋和才华成了美国一位顶级歌手，并赢得了众多令人羡慕的殊荣，其中包括22次格莱美奖以及1次奥斯卡最佳电影歌曲奖，其专辑累计销量过亿。

在这个案例中，老师的一句适时的赞美就像是暖人心灵的阳光，让身为盲人的史蒂夫·莫里斯受到了很大的鼓舞，从而最终取得了成功。因此，在工作中，管理者如果经常给予员工真诚的赞美，对方就会感到由衷的喜悦和兴奋，进而取得事半功倍的工作效果。

◎让赞美员工成为一种习惯

有谚语说："十句好话能成事，一句坏话事不成。"也就是说，一句恰如其分的赞美话，就能够给一些不太自信的下属员工以极大的激励，使得他们精神抖擞、自信地去完成管理者交给他们的任务。因此，作为管理者要让赞美员工成为一种习惯。

有一位人际专家讲了这样一个故事：一次，在家里做了几十年饭的母亲，在晚餐时却将一大把稻草丢在了餐桌上，全家人一见，顿时感到十分惊愕，他们全都面面相觑，不知道母亲今天为何会这样做。

随后，母亲十分平静地说："我已经给全家人做了一辈子的饭菜，可是你们这些上下老小，却从来都没有给过我一句赞美、肯定的话，这与吃稻草有什么分别呢？"

为此，这位专家说，其实家人之间也是需要赞美的，就连母亲这种总是付出爱心而不求回报的人，也都渴望能够经常被肯定。

在一些公司中，有很多员工总是日复一日地做着类似于故事中提到的"母亲"做的这些"分内的事情"，却没有得到任何的赞美或感谢。

当然，这些工作是员工应该做的，但如果管理者偶尔赞美一下这些员工的"例行之事"，那么他们就会感觉到自己在别人的眼中是有价值的人。

比如，像财会、行政等部门，他们努力、认真地工作，使得部门运行正常，就是分内之事。但如果他们没有努力工作，公司就可能会出现混乱的局面。

也就是说，即便这些员工没有做出"数字"上的任何成绩，他们在整个团队中同样应该作为有价值的成员而受到管理者的赞美。虽然不需要每天如此，但管理者应该在一些恰当的时候，对他们表示一些赞美或感谢，这也是非常重要的事情。

赞美或表扬的话，可以在吃饭或聊天等闲暇的时候对他们说，比如，"小王，我们公司上次办的展览非常成功，你们部门的人都很努力！""今天来参观的人数，比预期的要多一倍，你们真是辛苦了！"

反之，如果下属员工完成的工作质量很高，但管理者却视而不见，他们就会感到自己根本没有必要这么卖力。而即便工作完成得一般，对他们也不会造成损失。那么，工作的质量就会逐渐下降了。

【名企激励案例】玫琳凯公司的赞美之道

玫琳凯公司是美国最大的化妆品公司，成立于1963年，现有员工超过50万人。公司的创始人玫琳凯·艾施，是一个大器晚成的女企业家，她经常赞美员工："我能，你也能！""你能拥有一切！"这成了玫琳凯赞美员工的成功哲学。

当漫步走进玫琳凯公司位于美国达拉斯总部的大厅时，迎面而来的是一幅幅比真人还要大很多的玫琳凯首席美容顾问的写真照。这就会让人们真切地体会到，玫琳凯所倡导的企业文化"我们是一家以人为主的公司"的深刻内涵。玫琳凯对员工的坦诚、关心和赞美的企业价值观，赢得了业界的广泛认同。

◎玫琳凯独特的人才观

在玫琳凯公司，每一位新来的员工都会得到一块刻有该公司"金科玉律"铭文的大理石。在上面写着诸如"您愿意别人怎样对待你，你也要怎样对待别人""坚持下去，永不回头，你所有的梦想就都会实现"等赞美、鼓励员工的话。

玫琳凯认为，一家公司未来发展的好坏取决于这个公司的所有员工，也就是说，一流的公司必须有一流的人才。而且员工才是一家公司最重要的资产，要将他们作为营销的第一对象。只有让自己的员工满意了，才会让顾客满意；如果顾客满意了，企业才能获得丰厚的利润。

因此，玫琳凯认为：只要有人能够加入我们公司，公司就会想尽办法来挽留员工。如果员工不能在某一个部门发挥出他的才干，公司就会尽量把他调换到另外一个部门。

她坚信，每一个人都会有自己的特长和优点，无论管理者有多忙，也要花费一些时间，让他们感到自己的重要性。

那么，企业应该怎么做才能使一个员工感到自己是重要的呢？玫琳凯认为：

（1）倾听他们的建议，让他们知道你是非常尊重他们想法的，然后再让他们发表自己的见解。

（2）一方面让他们承担责任，而另一方面又要给他们充分的授权，否则会破坏他们的自尊。

（3）用自己的语言和行动来明确地告诉他们是特别受到领导的赞赏与器重的。

◎玫琳凯的管理理念

在玫琳凯公司，作为一个管理者，待人的方法尤其重要，要多用表扬、赞美的方式去激励员工取得成功。具体来说，玫琳凯的管理理念包括以下几点：

1. 倾听的艺术

玫琳凯特别强调，管理者应当掌握倾听意见的艺术。一个聪明的管理者，一定是多听少说的人。另外，应及时鼓励下属员工发表他们的意见，并遵循以下3条原则：

（1）倾听他们发表意见。

（2）感谢所有的来信。

（3）表扬一切有参考价值的建议。

2. 热情的工作态度

热情是一个人非常宝贵的品质，因此，管理者应当具备激起员工热情的能力。为此，管理者本人必须首先要有热情，因为管理者的工作态度一定会影响到其他员工的工作热情。

3. 不能挫伤员工的自尊心

每个人都会有自尊心。因此，作为管理者要多让员工一起参与决策，听取他们的意见，那样就不会挫伤他们的自尊心，而且还能提高他们工作的积极性。

4. 经常帮助员工

管理者帮助员工，有助于提高员工的士气。

5. 鼓励员工进行创造性的工作

为了防止一些员工的自尊心受挫而出现消极的情绪，管理者应鼓励员工经常参加一些创造性的工作，以激发员工高昂的士气。

6. 让员工参与公司的发展和建设

玫琳凯公司在发展过程中，很多员工曾经提出过很多设想与改进方案，并发挥了巨大的作用，进而形成一股强大的向心力。比如，在公司开发过的众多新品种中，很多最初的信息与设想都来自于一线销售人员的建议。

◎玫琳凯的多种赞美方法

人人都需要赞美，但这种赞美必须是诚心诚意的。在玫凯琳公司，赞美的方式有多种，常见的赞美方式有以下几种：

1. 每周例会赞美

在玫琳凯各个地区分公司每周的例会上，销售最佳员工就会为大家分享她的成功经验，这是一种非常特别的赞美。每当主持人介绍本周的最佳销售人员时，其他员工就会毫不吝啬自己的掌声。

2. 缎带赞美

每位美容顾问在第一次卖出100美元产品时，就会获得一条缎带，卖出200美元时再得一条，并以此类推。这种仅需要0.4美元的缎带给予的精神鼓励，远比100美元的物质刺激有效。

3. 别针赞美

这是玫琳凯公司的一个最经典的奖品。这些别针用于奖励那些在销售产品时有着优异销售业绩的美容顾问。但在不同的阶段，玫琳凯公司会奖给员工各种不同意义的别针，因此，在玫琳凯公司的每一位美容顾问，都会以佩戴各式各样的别针为荣。

4. 红地毯赞美

对于一些销售业绩超群的美容顾问，公司会用红地毯来欢迎他们返回美国总部。

5. 红马甲赞美

在美国总部召开的年度会议上，公司一流的美容顾问，都会身穿红马甲进行登台演讲，并接受其他员工的掌声赞美。

6.《喝彩》杂志赞美

这是一本由公司内部发行且发行量非常高的刊物。其最主要目的就是给予员工赞美，并每月刊登世界各地最优秀的美容顾问名录，以及一流美容顾问的推销业绩、推销技巧、成功经验和成长体会等。

有一位首席美容顾问这样描绘她对玫琳凯的感受："在这里到处都洋溢着帮助的热情，到处都能听到真心的赞美与鼓励。玫琳凯总是告诉我们，玫琳凯公司的文化，就是为女人不断地喝彩。"

人没有不喜欢被赞美的，对于女性来说更需要被认可。玫琳凯公司，总是用"你能做到"的精神口号来激励广大女性加入自己的美容事业，并用物质和精神激励员工，使他们始终相信自我并挑战自我，从而最终成就自我。

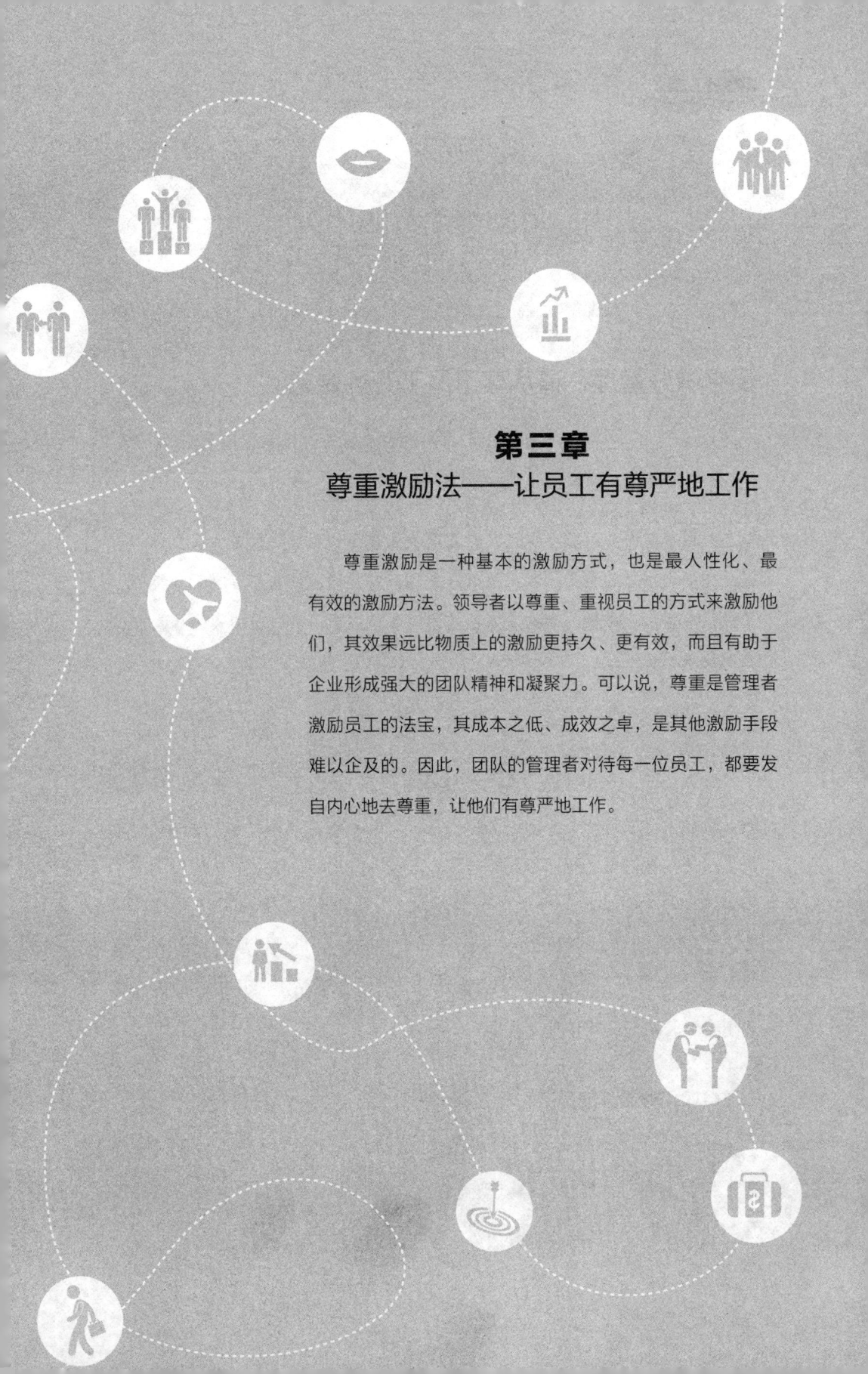

第三章
尊重激励法——让员工有尊严地工作

尊重激励是一种基本的激励方式，也是最人性化、最有效的激励方法。领导者以尊重、重视员工的方式来激励他们，其效果远比物质上的激励更持久、更有效，而且有助于企业形成强大的团队精神和凝聚力。可以说，尊重是管理者激励员工的法宝，其成本之低、成效之卓，是其他激励手段难以企及的。因此，团队的管理者对待每一位员工，都要发自内心地去尊重，让他们有尊严工作。

要想做好管理，请从尊重员工开始做起

> 一位著名企业家曾经说过，在管理企业方面的确需要很多条条框框，但首先要做到尊重员工，如果做好这一点，其他问题就容易解决了。换句话说，尊重别人是领导者的基本素质，而要想成为一名成功的领导者，也必须从尊重员工开始。

戴尔公司的董事长戴尔先生曾这样说道："要想建立或者维持一种健康的、有竞争力的公司文化，最简单也是最好的方法，就是要尊重公司的每个员工，使其保持目标统一、策略一致，并成为并肩作战的合作伙伴。"每个人都希望被别人尊重，员工也不例外。对于企业来说，所有员工都是在管理者的引导下，以不同的方式来为企业做出自己的贡献。尽管有时并不是员工自发的行为，但身为企业的管理者，只有尊重员工，员工才能更好地尊重企业，从而完成他们的本职工作。

◎如何尊重你的员工

员工一方面非常希望自己的想法、建议能够被管理者重视或得到认可，另一方面，一旦感觉自己受到尊重，他们的工作热情就会变得格外高涨。那么，管理者应该如何尊重员工呢？

1. 不要在员工面前表现出盛气凌人、趾高气扬等姿态

很多管理者非常喜欢对下属发号施令，这样就会给人一种高高在上并且难以接近的感觉。不妨换位思考一下，如果你的领导也同样对你的话，你的心里也会很不舒服。其后果是，一旦员工认为自己没有受到应有的尊重，就会对管理者甚至整个企业产生抵触情绪，也就很难把所有的精力都投入到工作当中。

2. 对员工多使用礼貌用语

管理者与员工进行交流时，不要使用发号施令的语气，真诚、恳切和礼貌用语才是最佳选择。这样员工就会得到很大的心理满足感，而管理者也会收获丰厚的回报。

3. 不要当面拒绝员工的任何建议

管理者在倾听员工的建议时，要认真了解他们的观点，使员工感觉受到了重视和尊重。但要注意，哪怕认为员工的建议没有什么价值，也千万不能当面拒绝。如果没有采纳员工的建议，就应该把理由说清楚，措辞也要委婉一些，并鼓励他们继续提出建议。

4. 对待员工不能有远近亲疏之分

管理者对待员工不要受到个人感情的影响，也就是对待员工要一视同仁。

5. 要认真倾听员工的心声

一个成功的管理者，要广泛倾听员工的建议和看法，并对其认真分析，这样才能避免由于疏漏而导致的工作失误。另外，不要一味指责犯过错误的员工，而要给他们解释的机会，这样员工就会心悦诚服地接受处理，同时还会认为管理者很尊重他。

在20世纪的美国，有一家大型的钢铁公司出现了令老板非常头痛的问题，那就是员工们总是蓄意怠工而影响了生产。为此，老板每天忧心忡忡，

他一方面给公司员工普遍加薪，另一方面又给员工授权，但最终的效果却很不理想。

公司老板情急之下，立刻请某位管理专家来帮他解决这个难题。等这位专家来到公司后，公司的老板对他说："我们先去厂里转一圈，你就会清楚这些肮脏的懒种们的毛病了！"

专家听了这话，立刻就知道问题出在哪里了。

为此，专家立即开出了"药方"，他对老板说："问题很简单，你只需像对待绅士一样对待每个男员工，像对待女士一样对待每个女员工，你的问题就能立刻得到解决。"

老板听后不以为然，他不相信专家的建议是可行的。但专家却非常坚定地说："如果你能够诚恳地尝试一个星期，到时还没有效果，你就不用付给我任何报酬。"

老板半信半疑地点头同意了。结果，没过几天专家就收到了老板的报酬和一张纸条，上面这样写道："非常感谢专家先生，这里到处都充满了奋发向上的激情以及和睦共处的新鲜空气，如果您能够再来这里，肯定会认不出这个地方了。"

我们通过这个案例可以看出尊重员工的重要性，因为员工一旦感觉自己受到了尊重，他们就会充满工作热情。

◎管理者要特别尊重哪些员工

员工是企业日常运营和发展的重要因素，因此，管理者对员工必须予以一定的尊重和重视。但很多时候管理者往往会出现错位，比如，片面地追求效率而忽略对员工需求的重视，把员工的怨言视为员工素质低下等。这样的管理方法对企业的发展极为不利，并且我们要特别尊重和重视公司的下列员工，才能让员工更好地为公司服务。

1. 公司的行政和后勤人员

目前，在国内的很多公司都存在着"重营销，轻行政"的做法。如果把公司比作一棵大树，营销是树干，行政和后勤便是树枝或树叶。那我们就会非常清楚，树干是绝对离不开树枝或树叶的。也就是说，行政和后勤是不可或缺的，大家只是分工不同而已。

2. 为公司做出贡献的功臣

如果公司取得经营上的业绩，管理者固然功不可没，但千万不能忽略执行者为此所付出的努力。因此，管理者要尊重那些做出突出贡献的功臣，并直接给予功臣以公开的好评。管理者这样做，有两个方面的好处：一方面是让这些功臣受到激励，使其可以进一步努力工作；另一方面，其他人也会因此而受到激励，并积极向功臣学习。

如何使用尊重激励法，来激励你的员工

> 对很多人来说，尊重别人，尤其是下属，说起来容易，但真正做到却非常难。"尊重"需要具有很高的内在修养，这是一种由内而外散发出来的、独特的人格魅力，这需要一个人长期的积累和修炼，并成为衡量管理者是否具备成功人士的一个标准。

尊重员工，可以为企业带来很多好处。很多员工愿意在一个企业长期工作，其实看重的并不完全是收入的高低，工作氛围也是非常重要的一个因素。如果领导者尊重员工，听取他们的建议，这样上下级之间就能够达成一种良好的合作关系，并形成一个高效的工作团队。

◎把尊重落到实处

我们每个人都有得到尊重的需要，而且这种需要一旦得到满足，就会获得强大的精神动力。但有很多企业管理者却常常犯这个错误，他们往往对下属很不尊重，也不肯对其放权，结果让下属最终失去对公司的忠诚。

韩信最初在项羽的手下担任郎中，也就是个侍卫，没有受到重用。虽然韩信为项羽数次出谋划策，但项羽根本瞧不上他，也就自然没有听从他的意

见。于是，韩信就投靠了刘邦。

当刘邦被项羽困到巴蜀之地时，萧何为刘邦推荐了韩信。在刘邦听了韩信的谋略之后，准备重用他，但为了更好地对韩信以示尊重，刘邦就精心准备了一场声势浩大的筑台拜将。通过这种做法，极大地满足了韩信的自尊心，于是，刘邦在韩信的鼎力辅佐下，终于从巴蜀杀出，并最终从项羽的手中夺取了天下。

刘邦为韩信"筑台拜将"说明，如果领导者熟悉并认可下属的才能，给予其莫大的尊重，下属的积极性就会被充分地调动起来，而这也是领导最愿意看到的事情。

例如，三国时期"鞠躬尽瘁，死而后已"的诸葛亮，就是为了报答刘备为其"三顾茅庐"的知遇之恩。这也说明尊重所具有的双重性与互动性，一方面领导对员工的尊重可以体现其价值，而另一方面员工在领导的感召下，甘愿为团队贡献自己的价值。

◎尊重知识型员工的专业，就是对其最好的尊重激励

知识型员工通常都具有较高的学历、相应的专业特长以及很高的个人素质，并且知识面宽、求知欲强、视野开阔、学习能力强。

知识型员工与其他员工相比，实际上更加在意在工作中是否能够实现自身的价值，也更加渴望得到他人的尊重与认可。也就是说，他们在工作中并不满足于一些被动性地执行事务，而是强调追求更完美的结果。因此，知识型员工往往热衷于具有挑战性的工作，他们把攻克难关当成一种乐趣，或者是能够实现自我价值的一种方式。

在一家外企公司的法务部，李婷担任部门经理，在她的下属员工中，有一位来自知名政法大学的高才生。但这家公司的法务部的工作实际上很琐

碎，真正从事与法务相关的工作并不多。

后来，李婷逐渐发现，手下的这位高才生在上班时虽然没什么差错，但却有些无精打采，积极性也不高，总让人感觉缺少工作的激情。这让李婷有些犯难，但也不知应该采取什么方法来改变这位员工。

没过多久，公司的业务部在合同上遇到了麻烦，整个公司的领导都在开会讨论、研究解决方案。李婷在无意之中发现，这位来自知名政法大学的高才生对这件事情极为关注，就连他的眼神里也透露出非常浓厚的兴趣。

李婷见状，就刻意将其安排在有关的会议之中。随后，他凭借自己扎实的专业知识，对撰写公司的相关合同条款提出了一些很有效的建议。在此期间，他每天早来晚走，全身心地投入到工作当中。而公司的领导对他提出的建议也非常满意，很快就予以采纳。在这之后，李婷发现，这位员工的工作态度发生了很大变化，即使是面对很多烦琐的小事情，他工作起来也都充满了热情。

通过这个案例可以得知，对于知识型员工来说，对其专业的尊重也就是对其最好的尊重激励。

◎尊重员工的家属，就是对其最好的尊重激励

对于很多员工来说，他们每天都在忙忙碌碌地工作。如果管理者能够用心尊重、鼓励、激励他们的家属，他们就会更加努力工作。

王华的手下有一位员工，工作非常忙，经常加班，回家也特别晚。于是，每当这名员工的孩子的生日到来时，王华就会为孩子准备一份精美的生日礼物。这名员工十分感慨地说，有时就连他自己都已经忘记了孩子的生日，但他的上司却总能为孩子准备生日礼物。

王华对他手下的其他员工也都很关心，在他的带领下，该团队的辛苦努力最终也得到了回报，为公司创造出了非常大的价值。

由此可见，对员工家属的尊重，也就是对员工最好的尊重激励。而为誉为"现代管理学之父"的彼得·德鲁克，在他的《卓有成效的管理者》一书中也曾这样说："那些伟大、卓越的公司，员工在此工作的理由，排在首位的不是你为其支付了多少报酬，而是他们得到了应有的尊重。这样，他们就会在自己力所能及的范围内，为创造一个伟大的公司而努力、高效率地完成工作。"

如何尊重员工，才能更好地激励他们

> 一位管理学大师曾说，如果管理者不喜欢、不尊重员工，员工就极有可能将其转化为对管理者或公司的怨恨，进而转化为一种十分消极的工作态度。而更严重的后果是，坏情绪会在员工之间不断蔓延，并危及公司。

谁都不希望自己被别人低看，员工在管理者面前也是如此。因此，平等待人是管理者尊重员工的前提条件。也只有平等相待，管理者与员工之间才能逐步建立起信任，这种充满亲和力的氛围，有助于员工更轻松、快乐地工作，并为公司带来更多的利益。

◎放下姿态，树立平等意识

有些管理者非常严厉，当员工在工作中有了疑问，对他们提出一些建议时，管理者就会立即批评他们。这样，员工就害怕与管理者主动沟通，即便再有问题也不敢提了。

因此，员工在表面上没有积极、主动地解决问题，其根源是在管理者的身上，因为他们喜欢与下属拉开一定的距离，以显示他们作为领导的权威。

其实，如果员工对管理者有一些反对意见，只要不是比较消极的，管理者就应该放下姿态，树立一种平等的意识来对待他们，即善于听取他们的意见，这样才能不断改进工作当中的问题，消除他们的恐惧和戒备心理，并充分发挥他们工作的主观能动性。

对于管理者与员工的这种沟通方式，一位管理专家解释道："尽管还有一些更强有力的方法，但我还是希望，可以使用这种比较温和的方式来与员工沟通。而且经过事实证明，这种方法即可让管理者与员工保持良好的关系。"

有一天中午，松下幸之助在其公司的餐厅里就餐。他们都点了牛排，但午餐过后，松下便让助理去请烹调牛排的主厨过来。

助理注意到松下幸之助几乎没动放在他面前的牛排，他猜想，松下肯定是嫌牛排做得不好而责备主厨。

主厨很快来了，他的表情很紧张，因为他知道自己面前的是松下的总裁松下幸之助先生。

当厨师怀着忐忑不安的心情，准备接受批评时，松下却说："你做的牛排很好吃。我今天只吃了一点，是因为我今天的胃口不是很好。但如果不找你来说清楚，我怕你会错以为自己做的牛排不好呢。"

厨师和其他员工都困惑得面面相觑，大家过了好一会儿才明白这是怎么一回事儿。

"我想当面跟他解释清楚，主要是我担心他看到我吃了一点的牛排被送回厨房，心里会很难过。"

可以想象，如果你就是那位主厨，当听到松下先生这么说，你会有什么感受呢？是不是会感到备受尊重？而其他员工听到松下先生这么说，会对松下先生更加佩服，也会更愿意、更加努力为松下集团工作。

◎记住员工的名字

卡耐基曾说，虽然一个人的名字在表面看来只是他的一个代号，但如果你能够记住别人的名字并轻松地说出来，你就是对这个人进行了一种非常巧妙而且有效的恭维。

但很多管理者对此毫不在意，在他们的意识中，这只是一件小事，还有更多、更重要的事情等着自己处理，没有必要把时间和精力浪费在"记名字"这种小事上。

举例来说，管理者与员工平时接触得不多，也没有见过几次面，但管理者却可以清楚地记住员工的名字，这就体现出管理者对员工的尊重，不仅能拉近双方的距离，还能使员工有被尊重的感觉。

下面我们介绍一下怎样才能更快地记住员工的名字。

1. 重复姓名

尽管这是一种比较笨的方法，但对很多人来说却是最有效的。当我们听清楚员工的名字后，要经常重复这个名字，而且谈话中也要尽量用到，这样就可以使名字在头脑中得到强化。

2. 建立联想

联想是能够记忆深刻的要素之一，我们可以根据员工的名字展开联想，只要我们把名字联想起来，就会记忆深刻。比如，员工的名字叫"李青齐"，你就可以联想到"你亲戚"，这样他的名字你就很难忘记了。

3. 随时做记录

俗话说"好记性不如烂笔头"，我们可以准备一个小的笔记本，随时记录下员工的姓名并经常查看，然后再把员工的外形特征与其联系起来，很快就能记住员工的姓名。

管理者记住员工的名字，其目的在于倡导管理者与员工之间亲密无间的关系。这也是营造一种轻松的工作氛围的好方法，使得员工能够真正体会到企业这个大家庭的温暖。

◎ **员工的隐私必须得到尊重**

很多时候，出于工作与职责等方面的需要，管理者对员工的情况要有多方面的了解，比如住址、照片、身份证号、工作经历等信息。管理者在掌握员工信息的同时，还应当承担起为这些信息保密的责任，这也是对员工的尊重。

举例来说，每年的定期体检是企业对员工的一种福利，但如果因为体检而泄露了员工的隐私，就会适得其反。

王女士的公司最近组织员工去一家大型医院进行了体检。一周后，令她没有想到的是，有个关系不错的同事有点"神秘"地对她说："李某某被查出了肝炎，赵某某被检出了胆结石，而你呢，被查出了妇科方面的问题。"

王女士听后非常吃惊，这么多人的体检结果，同事是怎么知道的呢？这可是他们的隐私啊！于是，王女士立刻来到了人事部门去取她的体检表，可她发现，公司员工的体检表全都堆放在工作人员的办公桌上，每个人都可以随意阅览。

就这样，在王女士的公司，只要是得了某些疾病的同事，都成了一些热议的话题，甚至一些查出传染病的同事，还遭到了其他同事的排斥。

这个案例说明，管理者要高度重视员工的隐私，充分尊重、保护员工的隐私，否则，不但会引发员工的不满情绪，甚至还会侵犯员工的隐私权。

为此，管理者应在以下的细节方面予以重视：

1. 不要打听员工的隐私

打听他人的隐私，这种做法会给员工留下一个很不好的印象。另外，也不要在自己的家人面前谈论员工隐私方面的话题。

2. 不能把隐私作为攻击员工的"利器"

管理者不要把员工的隐私当作"利器",并当众揭短。另外,也不要在吃饭、开会等场合,由于一时疏忽而泄露员工的隐私。

3. 对于有必要让大家知道的隐私,必须先征得当事人的同意

如果管理者认为让其他人知道员工的隐私对员工会有一些好处,或者是由于公司的利益而必须要让别人知道的隐私,就应该事先征得员工的同意方可实施。这样,员工会因为管理者的尊重和细心,而更加信任和感激管理者。

总之,管理者为员工保护隐私,既是做人的责任和底线,又是对员工最起码的尊重。

【名企激励案例】IBM：一部尊重员工的发展史

在美国，IBM公司作为一家百年企业，无论规模还是历史，都是全球IT界的"蓝色巨人"，并创造了非凡的成就与贡献。而IBM公司，也是最早实施以员工为核心的企业文化的公司，纵观其历史，就是一部强烈重视及尊重员工的发展史。

对于像IBM这样的百年企业，企业的文化早就植根于创始人的心里。自IBM创建初期的老沃森时代以来，他所崇尚的尊重文化就一直延续至今。正如老沃森说的那样："通过我们对员工的尊重以及帮助员工自己尊重自己这样的简单信念，我们的公司就一定能够盈利。"

◎老沃森创建的企业文化

IBM公司创建于1911年，最初只是一家生产打孔卡、制表机、钟表、秤、切片机等产品的生产制造型企业，但现在已经成为全球最大的信息技术和服务公司，被称为"蓝色巨人"。

那么，IBM公司是如何尊重员工的呢？我们可以从一些细微之处发现IBM的这一特色。在美国纽约IBM的一家分销处，展眼望去，只见一块大型的布告栏拔地而起，上面贴满了各部门全体员工的相片，并这样写道：这是纽约最有特色的员工。

在IBM公司，每个人都是非常重要的，人人都会受到尊重。老沃森之所以这样做，是因为他十分清楚，在现代企业中重要的资产既不是机器，也不是资金，而是员工。正是有了这些备受尊重的员工，才铸就了IBM的辉煌历史。

老沃森是一名虔诚的宗教徒，其"家"的理念极强。而正是因为有了这种人性化的理念，IBM公司尊重员工的做法从未间断过。

比如，IBM倡导"男女平等"，IBM是最早雇佣大批女工的美国科技企业。同时，IBM也是世界上对同性恋、残疾人等特殊群体最为关心，并且招聘人数非常多的大企业之一。因为在IBM的理念中，不管他们喜好什么，身体情况如何，只要来到IBM，他们就是IBM的员工。

◎ IBM小沃森时代的行为准则

小沃森于1956年担任IBM公司的总裁，随后，他把老沃森的信条发扬光大，总结出了3条"行为准则"下发给公司的所有员工，即：

（1）公司必须尊重每一位员工。

（2）员工必须给予每一位顾客最好的服务。

（3）员工必须要追求最优异的工作表现。

小沃森要求，在IBM公司任职主管职位（或主管以上）的管理人员，必须要把这3条"行为准则"牢记在心，身体力行地去遵循、贯彻"行为准则"；并且还要向下属员工说明，使其懂得"行为准则"的重要性，而制定的任何政策也都要受到这个"行为准则"的影响。

为此，IBM公司在其召开的会议、内部出版的刊物和备忘录，以及各种集会所规定的各种事项中，都能够始终贯彻这个"行为准则"。

也就是说，IBM公司的管理人员要尊重下属员工，同时也希望员工尊重顾客，尊重同行业的竞争对手，不可诽谤或贬低他们。因为销售是依靠公司产品的品质和服务而取胜，要推销自己产品的长处，但不能攻击他人产品的弱点。

小沃森让IBM公司的全体员工都明白，公司之所以能够成功，是取决于员工对"行为准则"的贯彻和遵循。而"行为准则"对IBM公司的成功所贡献的力量，远比那些技术革新、市场销售技巧或者庞大财力所贡献的力量更大。

后来，小沃森还创办了IBM学校，为员工提供相应的培训；组织员工高唱"IBM之歌"，以培养他们对公司的忠诚。IBM公司积极倡导的这些企业文化，后来也成了日本式管理的鼻祖。

此外，IBM公司在"行为准则"的影响下，能够很好地计划并且安置所有的员工，使其不至于失业。这是因为，IBM安排失业员工的最好方式是再培训，然后再调整新工作。比如，在1969年—1972年的经济大萧条中，有1.2万名员工离开萧条的生产工厂、实验室或总部的相应岗位，经过培训后被调整到更需要他们的岗位上。

在企业经营过程中，很多方面都可能会发生改变。比如地址变更、人事变更、产品变更，甚至连公司的名称也有可能会变更。但唯一不能改变的就是公司的"原则"，这是指引公司前行的方向。

◎ "让大象跳舞"的CEO郭士纳

曾经风光无限的IBM公司在进入20世纪90年代以后，却"盛极而衰"，变得步履蹒跚，并陷入空前的困境之中。直到1993年4月，IT界传奇人物、被誉为"管理魔术师"的路易斯·郭士纳就任IBM的首席执行官，他开始担负起重塑"蓝色巨人"的重任。

在这个过程中，郭士纳继承、发扬并强化了IBM公司以3条"行为准则"为核心的企业文化。郭士纳更加注重尊重员工，他经常与公司的很多员工进行沟通。比如，他用电子邮件与底层下属员工通信，而当他得知某位员工负责一项计划后，就直接给那个人打电话，即便是比他低五、六级的员工也依然如此。

此外，郭士纳总是想方设法将IBM公司未来的发展方向清晰地传达给每一位员工。举例来说，如果IBM总部宣布公司的全球业绩，第二天一早，位于全球的数十万名员工即可在他们的电子邮箱里收到郭士纳总裁办公室发来的详细报告。

每当郭士纳来到IBM的分公司，还会安排1个小时与当地所有的员工见面，给他们仔细讲解公司的目标、方向。接下来，郭士纳还会再留下45分钟的时间，让员工提出问题，而且他都会耐心地予以解答。

郭士纳在IBM进行了一系列大刀阔斧的改革，而他也没有让IBM失望。于是，在郭士纳上任后的第二年，IBM就开始"止跌反弹"，总共盈利30亿美元，此后盈利更是连年增加。

由此可见，IBM的历任管理者都对尊重员工非常重视。他们十分清楚，尊重是一种最有效的激励手段，这会让员工感到极大的满足并认识到自身的重要性，更有助于形成团队精神和凝聚力。

正如美国《时代周刊》报道的那样："IBM的企业精神，是人类有史以来无可匹敌的……因为没有任何企业会像IBM公司那样给世界产业与人类生活方式带来如此巨大的影响。"

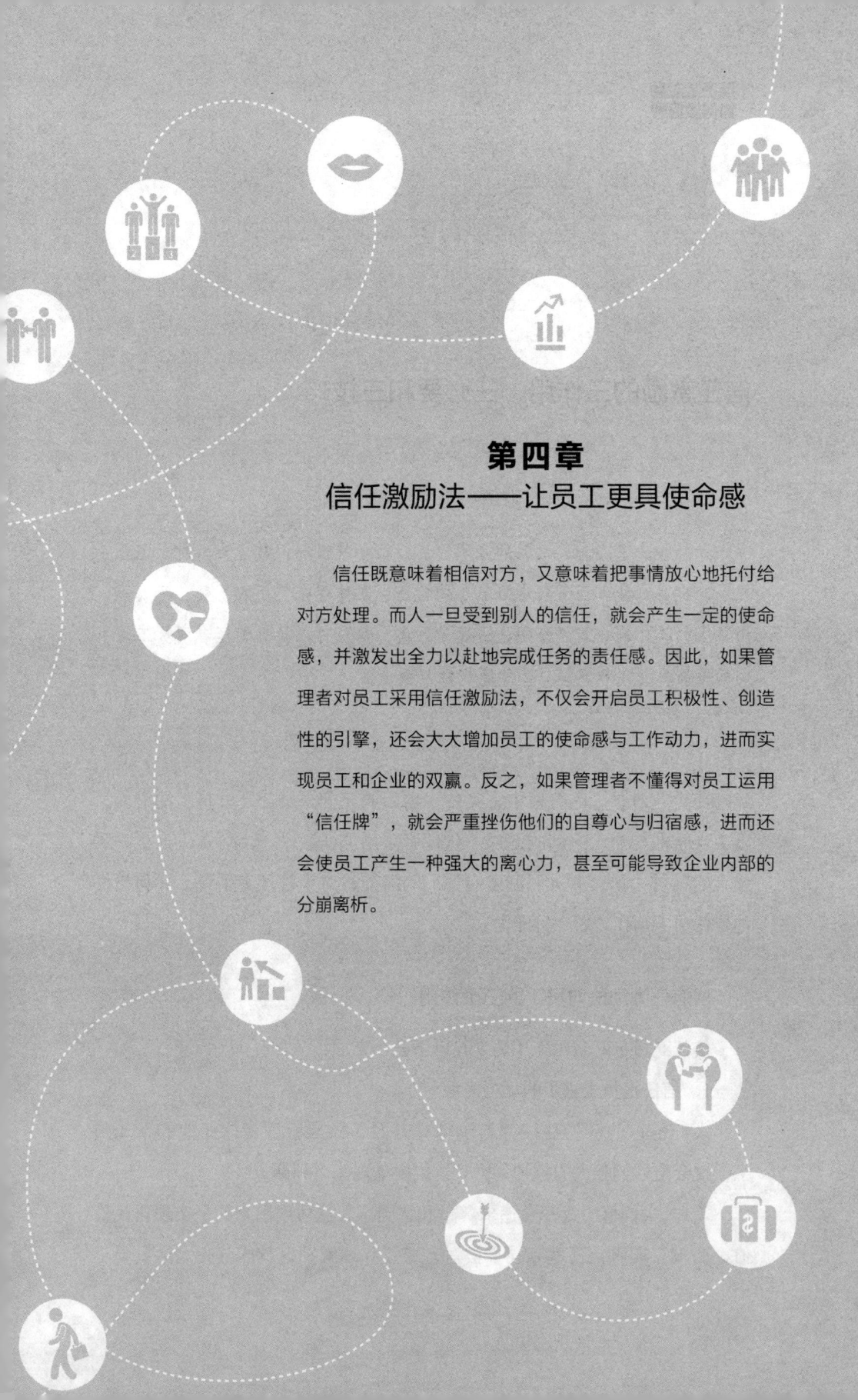

第四章
信任激励法——让员工更具使命感

信任既意味着相信对方，又意味着把事情放心地托付给对方处理。而人一旦受到别人的信任，就会产生一定的使命感，并激发出全力以赴地完成任务的责任感。因此，如果管理者对员工采用信任激励法，不仅会开启员工积极性、创造性的引擎，还会大大增加员工的使命感与工作动力，进而实现员工和企业的双赢。反之，如果管理者不懂得对员工运用"信任牌"，就会严重挫伤他们的自尊心与归宿感，进而还会使员工产生一种强大的离心力，甚至可能导致企业内部的分崩离析。

信任激励的三作用、三必要和三技巧

> 如果缺少了人与人之间的基本信任，社会就很难正常运转。对于企业来说，也是如此。而管理者对员工的信任，既体现在"用人不疑，疑人不用"上，又体现在放手任用上。这是因为，信任可以拉近管理者同员工之间的距离，并充分发挥员工的积极性与创造性。

在企业对员工的管理中，其中一项是要充分激励、开发员工的潜能，以实现企业与员工之间的双赢。管理者采用信任激励，会对员工产生一种强大的精神力量，并进而激发出他们的潜能；对于管理者来说，如何更好地信任员工则代表着一种能力。

◎信任激励法对员工的三个作用

信任对员工的激励作用表现在以下三个方面：

1. 信任是员工进步的动力来源

人们前行的动力往往源自于精神方面，如果管理者信任他的下属员工，就会给他们强大的精神动力。这主要体现为下列两点：

（1）我们每个人都会追求尊重和认同感，这体现出来的是实现自我价值，而被管理者信任就等同于被对方尊重和理解，这就能够大大激发员工的工作热情，进而促使其不断进步。

（2）人是感性动物。因此，管理者对员工信任就意味着知遇之恩，也就是说，员工会产生"不辜负信任"的动力，并努力回报给管理者。这对于试图证明自己的年轻员工来说，会表现得更加明显。

2. 信任是员工自信的催化剂

人能否取得成功，从自身方面的因素来说，主要取决于其意志与能力。意志是最重要的，而最能体现人的意志的就是自信。人一旦拥有自信，才能正确面对挫折和失败，并从中积累经验，逐渐走向成功。因此管理者如果给予员工充分的鼓励和信任，就能使其获得足够的自信。

3. 信任可以培养员工的忠诚度

员工的忠诚度，是判断其所在的团队凝聚力与战斗力是否强大的重要标志。而管理者的信任就是培养员工忠诚度的重要塑造点，即"士为知己者死"，因为信任不但能够带给人一种"认知"的态度，而且还能带来亲和力，使员工忠诚于整个团队。

1936年10月，中国工农红军第一、第二、第四方面军在甘肃的会宁地区会师，自此结束了长征。随后，中央命令徐向前继续率领两万大军西征，准备进军宁夏，打通与苏联的联系通道。但却因西北地区的地形不利，更适合以骑兵为主的西北军作战等因素，徐向前的西征军遭到空前惨烈的失败，最后仅剩下700人。

徐向前为此痛苦不堪，十分自责。当他回到延安后，很多人也都纷纷埋怨徐向前，但毛泽东却极其信任地对徐向前说："世界上没有什么常胜将军，而且这次失败也是多种复杂因素导致的，并不是你一个人的责任。还是那句老话，'留得青山在，不怕没柴烧'。只要我们红军的革命骨干还在，部队迟早还会发展起来的。"徐向前听后，感动得热泪盈眶。果不其然，仅过了半年时间，徐向前在太行山地区领导的部队，从几千人又迅速壮大到了几万人。

我们从这个案例中看到，徐向前元帅因一次失败而受到了众人的指责，而作为管理者的毛主席却始终信任、鼓励徐向前，并最终取得了良好的效果。

◎ 实行信任激励法的三个必要性

信任可以缩短员工与管理者之间的距离，使员工充分发挥其主观能动性，并让企业的发展获得强大的原动力。因此，实行信任激励法是非常必要的，具体来说，包括以下三点：

1. 符合"以人为本"的管理要求

"以人为本"的管理，就是要求尊重、理解、维护和信任员工，并充分发挥其积极性、主动性与创造性，这是企业良性发展的内在需要。但如果管理者对员工做不到最起码的信任，就根本谈不上对员工的尊重与理解，也谈不上"以人为本"的社会要求。

2. 符合员工积极进取的诉求

随着社会竞争的日益加剧和生活压力的不断增加，导致很多员工都出现了危机感，并因此产生焦虑、躁动和迷惘的心态。为了摆脱这种危机感，员工就会努力工作、积极进取，在这种状况下，他们更需要管理者的理解和信任，以激发他们的工作热情并因此不断地取得进步。

3. 符合员工追求信任的心理特征

人们有时把信任誉为"最高的奖赏"，这在资历尚浅的年轻员工身上表现得尤为明显。这是因为，没有比得到领导的信任，更让他们感到鼓舞和欣慰的了。而且由于他们工作的经历和经验比较欠缺，人际关系与工作地位有待积累和提升，工作能力也未能得到认可。因此，他们特别希望有一个展示自己能力的舞台，也极其渴望被领导信任和重用。

◎ **实行信任激励法的三个技巧**

实行信任激励法是有一定技巧的，具体包括以下三点：

1. 不宜实行过于细致的管理方法

对于很多员工来说，一些过于细致的管理方式，会让他们感到不被管理者信任，甚至感到是对他们水平和能力的怀疑。比如，有的管理者要求做到事事有人管、时时有人查、时时有计划、事事有总结，这种做法在一定程度上表明了企业对员工的不信任，就会使他们缺少对工作的主动性、积极性和创造性，更难以提高工作效率。

2. 要给员工提供一定的空间和机会

虽然有的管理者在口头上对员工表现出信任，但却没有给他们提供信任的空间和机会，这种口头上的信任不是真正的信任激励，也很难起到预期的效果。对此，管理者可以采取下列方法，来为员工提供一定的空间和机会：

（1）管理者先给员工定下一个目标，然后让员工提出自己的想法，以及为此做出工作规划。

（2）管理者授权员工，让他去完成一项从未接触过的重要任务。

3. 为员工营造和谐、融洽的工作氛围

每个人都喜欢在和谐、融洽的氛围中工作，这会让人感到温馨和愉悦，进而提升工作效率。那么，管理者如何营造良好的工作氛围呢？

（1）对待员工要"言必行、行必果"。

（2）一旦工作中出现了问题，自己要勇于承担责任。

（3）不能因为员工的偶然错误，就将其全盘否定。

（4）帮助员工排解一些生活和工作中的不良情绪。

（5）要保持与员工之间的高效沟通。

与员工相互信任，比什么都重要

美国著名学者萨维奇在他的著作《第五代管理》一书中这样写道："怀疑与不信任会大大增加公司运营的成本，这是因为，怀疑和不信任会让管理内部出现一些不必要的内讧，使得管理成本严重增加。"可见，企业管理者应当充分信任自己的员工。

信任是打开员工积极性的一把钥匙。在企业的经营管理中，没有什么比管理者与员工之间建立起良好的信任关系更重要的了。而且对于企业的核心人员来说，给予员工必要的信任与决策权是对其进行精神激励的重要组成部分。

◎疑人不用，用人不疑

俗话说："疑人不用，用人不疑。"实际上，这是强调对人的信任。如果将应其用在企业管理上，就是要放手让员工大胆去做，管理者则不必插手。

其实治理国家与管理企业大同小异。崇祯皇帝生性多疑，对袁崇焕就是如此，从最初信任袁崇焕到最终冤杀，无不体现了崇祯多疑的用人方式。

此外，崇祯做了17年皇帝，一共杀了2个首辅大臣、11个总督，并撤换了50个内阁大学士、14个兵部尚书。可以说，崇祯的"用人多疑"，直接导致明朝的迅速灭亡。而"疑人不用，用人不疑"这句老话，不仅被奉为千百年来的用人要则，而且也变成一个千古不变的用人之道。

在第二次世界大战中的欧洲战场，由巴顿指挥的第三集团军作为盟军的先头部队一直所向无敌。

后来，盟军总司令艾森豪威尔任命一位军官到巴顿的部队担任师长。巴顿听说后以对这位军官不熟悉为由，当即表示反对，但艾森豪威尔却没有同意。

没过多久，这位师长就打了败仗。此时，艾森豪威尔感觉到这位军官不能胜任师长的职位，就下令他立即辞职。但出乎所有人预料的是，巴顿却没有同意。

在刚开始时，最先提出不让这位军官任职的就是巴顿，可此时他又不愿意辞退这位军官。面对艾森豪威尔的质疑，巴顿斩钉截铁地回复道："尽管他表现不佳，但如今他是我的部下，我就要信任部下的能力并愿意为他承担一切后果，无论好坏，我都会竭尽全力，让他变成一名合格的将军。"

巴顿的言语让所有人为之动容，而那位军官更是对巴顿感激涕零，从此，他发奋努力，终于在战场上接连取得胜利，并成为一名非常优秀的将军。

从这个案例可以看出，巴顿的第三集团军之所以被称为"铁军"，正是归功于巴顿对部下的充分信任和爱护，并勇于为部下承担责任。他的信任，让将士们愿意听从他的命令，这样，才最终将第三集团军打造成一支"攻无不克、战无不胜"的军队。

◎对核心员工委以重任

对于核心员工来说，他们一方面具有更强的自主性，不希望被上级管理者遥控指挥，而且更强调在实际工作中的自我引导；另一方面，核心员工具有获得良好业绩的成就感，一旦被管理者委以重任，即可让他们充满工作的热情，并发挥出更大的主动性。

在如今的知识经济时代，核心员工在专业上的素质往往要比管理者更强。因此，他们也比管理者更清楚如何更高效地开展工作。如果管理者信任企业的核心员工，并给他们一个施展才华的舞台与机会，就会为企业带来更大的经济效益。

联想的杨元庆从柳传志手上刚接过帅印时，大家对杨元庆的能力抱着怀疑的态度，都觉得他的资历尚浅，难以驾驭庞大的联想。但柳传志马上力挺杨元庆，他公开发表言论，请大家不要对杨元庆过于苛刻。另外，不管别人如何质疑杨元庆的能力，柳传志都不为所动，他始终坚守自己的职责，那就是决不干涉由杨元庆负责的大小事务。

柳传志的坚持最终得到了回报，联想也在杨元庆的领导下，超越了戴尔和惠普，登上了全球PC市场占有率第一的宝座。

由于柳传志对杨元庆的完全信任与支持，才使联想得到了更好的发展。

因此，突破"怀疑"他人的心理特征，是很多领导人所面临的重大问题，即有效突破企业的战略和组织变革等方面的问题，这往往需要领导人首先自我突破，进而才能实现或超越企业所能够达到的高度。

◎为员工创造出充分发挥的空间

很多员工都渴望被管理者重视和信任，也渴望得到一个施展自己能力的机会。但如果管理者不信任手下的员工，也不肯给他们放权，并把错误全都推给员工，就会形成一个怪圈：一方面，管理者不信任员工，每当遇到棘手的问题时就会亲自处理，变得独断专行；而另一方面，员工在这样的管理体系中，就养成依赖、从众，甚至是有些封闭的习惯，处理问题时总是会显得束手束脚，也缺乏主动性和创造性。

在这种氛围下，一些优秀的员工就会选择离开，即便他们不离开也会变得碌碌无为，而企业也会因此丧失生机与活力。

微软公司的比尔·盖茨就喜欢凡事简化，并充分信任员工，让员工自己来决策。因此，微软公司的员工对自己的工作有权做出任何决定，他们的决策过程也特别迅速。

微软公司的首席技术官巴特在52岁时应聘来到微软，他立刻就感受到了微软公司宽松的工作环境，也体会到盖茨对于员工的信任。这是因为，除了盖茨偶尔向巴特请教一些问题外，几乎没有其他人来打扰。

为此，他非常感慨地说："微软从来不给我指派任务，也没有规定研究的具体期限，因此我能够用心钻研很多我感兴趣的问题。只是，盖茨有时候会来询问一些难以解答的问题，但通常我不能立刻做出回答，必须要在整理一些材料和思路以后，也就是一两个月后才能答复。"

在盖茨这样充分的信任下，巴特每天待在微软的研究院中，即便是一年没有任何研究成果，他的薪金及股份也没有受到丝毫的影响。

而这种宽松的信任，并没有换来员工的碌碌无为，反而因为他们有了更多的空间和自由来施展他们的才华，效果更佳。

比如，在巴特加入微软的最初4年中，他一共研究出6项享誉业界的重大科技成果，其中最突出的是电子邮件的加密软件程序，这项研究成果要大大领先于微软的竞争对手。

我们可以从微软的案例中得知，充分地信任员工，并给他们一个发挥能力的舞台，能够激发他们的创造潜力，最终将会为公司带来难以想象的价值。

信任员工，就是对其最好的激励

> 作为管理者，如果通俗地讲信任，其实就是把员工当"人"看。对于一个员工来说，通常给他的信任有多少，回报给你的就会有多少，这其中的关键因素，是对他进行有效的引导。而对于激励来说，信任员工就是最好的方式。

在管理学中有很多激励方法，其中信任激励是最实用和持久的。这是因为，信任具有一种强大的精神力量，能够让管理者与员工之间和谐共振，并有助于形成整个团队的凝聚力，进而促进团队之间的沟通和协作，提高工作效率，降低团队运行与管理成本。

◎对员工的信任要自始至终

有一副颇有哲理的对联："说你行，你就行，不行也行；说不行，就不行，行也不行。"其中的"说你行，你就行"，这就相当于给人以信任，而一个人一旦获得信任，也就有了干劲，才能更努力地投入工作。

另外，"说不行，就不行"，就相当于给人下了定论，或者说对人完全不信任。在现实生活中，这种情况屡见不鲜。其实每一个人的真正潜力，有时候就连自己都不清楚。因此，绝对不能随便给员工贴一个"不行"或

"不能"这样的标签。

当然了，给人信任需要智慧、胆略、胸怀和勇气，也更需要执着。只有对员工自始至终保持信任，才能最大限度地发掘其潜力。其实，在历史上，对下属信任的"老板"比比皆是，比如春秋时期的秦穆公，就一直信任、重用一位一败再败的将领，并最终造就了一位为他出生入死、忠心耿耿的良将。

公元前628年的春秋时期，东方两个大国的国君郑文公、晋文公相继去世，秦穆公感到向东进军的时机来了。没过多久，他就收到了当年留驻郑国一位臣子的密报，说他已经完全掌控了郑国北门，秦军可以迅速发兵偷袭郑国。

蹇叔和百里奚听说后反复劝阻秦穆公，让他不要兴师动众，跑到那么远的地方偷袭，这是很难成功的。但秦穆公根本不听劝阻，他立刻派孟明视等大将率军偷袭郑国。

不料秦军刚刚行至半路，风声就已经传出，郑国立即做好了相应的准备，他们严阵以待。主将孟明视只得命令秦军无功而返。但当他们路过崤山时，由于疏忽大意，中了晋军的埋伏。结果秦军被全歼，而孟明视等三位主将也被晋军生擒。

由于晋文公的遗孀文嬴是秦穆公的女儿，她一见自己的娘家人被俘，就立刻向晋襄公说情。于是，晋襄公就把孟明视等人释放了。

孟明视等人虽然侥幸脱险，但他们自知败军之将很难逃脱罪责，就诚惶诚恐地返回了秦国。秦国上下都认为孟明视等人论罪当诛，以警示三军。但秦穆公却说，这次战败的责任在于他，是他不听蹇叔等人的劝阻，坚持要出兵才导致战败。不但如此，秦穆公还身着素服，亲自赶到城郊来迎接并抚慰孟明视等人，并让他们继续统领秦国大军。

就这样又过了三年，孟明视再次主动请缨，准备讨伐晋国复仇。但秦军再次战败，孟明视也铩羽而归。这两次战败让孟明视锐气尽失，他自知无颜面对秦国上下，甚至感到等待他的，还有严厉的军法处置。

但令孟明视没有想到的是，秦穆公不但没有治他的罪，而且依然信任、重用他。接连两次胜利，让晋襄公感到秦军很弱，于是他就联合郑国、宋国和陈国一起攻打秦国。连续的失败并没有让孟明视失去清醒的头脑，他知道目前的秦军还无力与强大的晋军抗衡，就命令秦军关紧城门，对晋军严防死守。

结果晋军很快就攻下了秦国的两座城池。消息传来后，秦国朝野一片哗然，他们纷纷指责孟明视这个败军之将胆小怯阵，根本不配统领秦军，建议解除他的军权。可面对秦国的困局，秦穆公却依然选择信任孟明视，他还鼓励孟明视，说他一定能够战胜晋军，只需静待时机。

孟明视听后深感内疚，他暗自下定决心，一定要战胜晋国。此后，孟明视日夜操练秦军，终于打造出一支强大的军队。第二年，他在秦穆公的支持下继续讨伐晋国。临行前，他发誓到："若不能一雪前耻，誓不生还！"当秦军渡过黄河后，孟明视命人焚毁所有的战船，以激励秦军血战到底。

很快，秦军上下一鼓作气，迅速打败了晋军，并收复了失去的两座城池。秦国一举重振雄风，秦穆公也就此称霸，成为春秋五霸之一。

这个案例说明，秦穆公对自己的手下战将，三败而不弃用，最终收获了在诸侯称霸的回报。这与秦穆公求才、爱才和惜才是分不开的，在他看好孟明视后，对其高度信任，而且这种信任是始终如一的，这就是"用人之道"的最高境界，也是企业对员工该奉行的信任之道。

◎正确评价信任激励

管理者高度信任手下员工，不仅能够形成一种有效的激励，而且还能塑造员工的品格、能力，并尽情地发挥他们的聪明才智。这种激励效果，往往是物质激励所不能达到的。

不过信任只是一种预期，因此，即便是没有达到预期，甚至产生的结果远超我们的想象，也在情理之中。但此时我们会经常听到类似于"全是信任惹的祸""太相信这个人了"等言论。

为此，我们应该对信任激励做出正确的评价：信任激励本身是没有问题的，之所以产生严重的后果，是由于管理者在信任激励的过程中，缺少对员工进行一些必要的指引、提醒和督促，甚至还缺少一些后续的预防手段或补救措施。

因此，管理者实施信任激励，通常是在了解员工的基础上实施的，这样能省去很多沟通、了解的过程，并且所产生的结果大多都是非常积极、正面的。有时候作为管理者，只要学会"闭上嘴"，对那些非常了解的员工给予充分的信任即可。

【名企激励案例】海底捞的绝招——绝对信任员工

有一家火遍全国的火锅连锁店,在这里,每位普通的服务员都有给客人打折或是免单的权利,并且始终向顾客展现最灿烂的笑容和最优质的服务,而顾客则愿意付出长时间排队等位,这家火锅店就是海底捞。

海底捞公司成立于1994年,是以川味火锅为主并兼容各地火锅为特色的一家大型餐饮火锅店。自从海底捞上了哈佛管理学院的案例后,它就已经成为餐饮界,甚至是管理学上的热点,吸引了众多媒体的关注。那么,海底捞在管理方面究竟有什么怎样的绝招呢?

◎ "以人为本",员工要比顾客重要

海底捞所在的餐饮行业竞争非常激烈,火锅既不是资源垄断产业,也不是门槛高的科技行业,甚至我们普通人,自己都会在家涮火锅。至于海底捞的创始人张勇,也是一个出身于底层、技校毕业,没有任何背景的"川娃子"。

那么,海底捞究竟靠什么绝招,能够赢得那么多在门外排队的食客呢?原来,很多顾客喜欢这里的原因是:这里的服务很"变态"。比如,在这里排队等候,可以享受"擦皮鞋"或"美甲"的服务,或者是一边吃着水果喝着饮料,一边上网、打扑克、下象棋,而这些全都是免费!

另外,一些戴眼镜的顾客在吃火锅时眼镜片上容易有雾气,但很快眼

镜布就会递到他们的面前；而更令一些顾客感到神奇的是，第二次来服务员就能叫出他们的名字，第三次就知道他们喜欢吃的是什么；果盘中水果没有了，服务员甚至会自己掏钱买西瓜送给顾客。

看到这些情景，你一定会认为，海底捞也是崇尚"顾客至上"的原则，这与很多公司没什么两样。其实，这只是一方面，在海底捞创始人张勇看来，顾客固然重要，但员工要比顾客更重要，也就是把员工当成"上帝"。

尽管海底捞员工的薪资待遇，在同行业中只算中上水平，但海底捞为员工准备的宿舍都是正规的有物业管理的小区，档次是比较高的。房间有空调、暖气，还能上网，距离员工上班的地方也很近，而且公司还会专门雇佣人员负责打扫；此外海底捞员工的衣服有专人负责清洗；吃饭也由专职厨师负责制作和提供。海底捞给员工的这种待遇，肯定会让他们心存感激。

海底捞把员工当成"上帝"的做法，是凝聚"人心"的最有效的方式，也就是对员工"无条件"的好。张勇认为，只要想方设法让员工把公司当作自己的家，员工就一定会把心放在顾客的身上。

另外，海底捞还曾有过这样一个规定：由于海底捞的工作十分繁重，凡是能在海底捞做到店长超过一年的时间，不管是由于什么原因离职，海底捞都会给她8万元的"嫁妆"费。

为此，北大光华管理学院的教授黄铁鹰，在他的《海底捞你学不会》一书中这样描述："把人当人看待"，是海底捞最大的创新。而这种创新的本身，也会让员工获得极大的成就感与归属感。

◎海底捞对员工的绝对信任

张勇的把员工当成"上帝"的理念，还体现在对员工的绝对信任上，而信任的标志就是授权，且这种授权与其他企业相比非常大胆。

举例来说，副总、财务总监与大区经理有100万元以下的签字权；大宗采购部长、工程部长以及小区经理有30万元以下的签字权；店长有3万元以下的签字权；而对于一线的普通服务员来说，他们则有给客人先斩后奏的打折权，甚至是免单权。

也就是说，不管有什么原因，只要服务员认为有必要，就可以给客人免一个菜或者加一个菜，甚至可以免去一餐的费用。在其他餐馆，这种权力是只有经理才会有的。

尽管在表面看来，张勇对一线服务员的信任与授权似乎不太"科学"，但张勇却有自己的逻辑。那就是，对于一线服务员来说，顾客在店里吃饭的整个过程，始终都是直接与他们密切接触的。如果顾客对海底捞不满意的话，只有服务员最清楚其中的原因。

因此，当把解决顾客问题的权力完全交给服务员时，就会充分调动他们的主动性、积极性和创造性，也才能让顾客感受到海底捞最真诚的服务。

这些授权的背后，也体现了海底捞让所有员工都参与管理并成为企业管理者的理念。这也同著名的管理大师彼得·德鲁克提出的"人人都是管理者"的观点不谋而合。这样会让每一位员工拥有强烈的主人翁意识，并使他们的工作激情发挥到极致。

在海底捞，对员工的最好激励就是信任。一方面，信任员工的职业操守，就不会把员工当成贼来防；另一方面，信任员工的能力，并把重要的事情全权委托给员工来处理。因为员工只有被信任才会有最强烈的责任感，也就能把公司的事情当成自己的事情来处理。

◎ 鼓励员工主动创新

当员工在海底捞有了"家庭感"以及"管理者"的感觉后，也就是留下"员工的心"和交给"员工权力"后，员工就能够为海底捞更主动创新了。

举例来说，很多海底捞的特殊服务其实都是员工们自己主动想出来的。

比如，为了防止顾客的手机被食材弄脏，员工会为他们提供塑料袋套住手机；为了防止女顾客的长头发掉到汤里，员工就会给她们提供发带等。

另外，创新也是体现海底捞员工能力与主动性的最好方式，比如海底捞的火锅外卖服务，就深受顾客的欢迎。它可以让顾客在自己的家里，就能享受到海底捞火锅店一样的服务。这样不但节省了顾客的排队等候时间，而且避免了饭店的嘈杂。这个点子就是火锅店的员工想出来的，这也是他们主动创新的结果。

此外，海底捞还会经常定期总结、讨论顾客服务的满意度情况，并从中找出一些不足与差距，进而提出改进的措施。如果改进措施很好，就会在全公司立即推广，并且推广方法还会以提出者的名字命名，这对于员工提出建议的激励效果非常明显。

在海底捞，凡是表现优秀的员工，都会收到一些特殊的福利，那就是他们的父母会收到海底捞发给他们几百元的"零用钱"，员工表现越好，这个钱就发得越多。这会让员工感到非常幸福，而员工还会把他们的幸福，传递给每一位来海底捞就餐的顾客，让他们体验到幸福的存在。

这就是海底捞的管理绝招，一个把尊重、信任员工作为"头等大事"的公司。

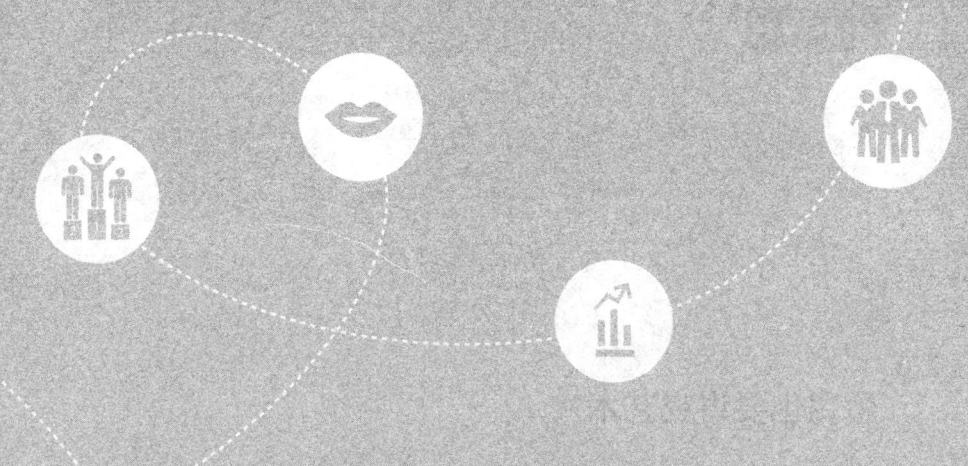

第五章
奖惩激励法——让员工痛并快乐着

奖惩激励法,指的是管理者利用奖励或者惩罚的方法,对员工的工作给予肯定或否定,以激发员工内在动力的一种激励方法。奖励与惩罚是领导管理员工常用的手段。同时,奖惩也是一把双刃剑,如果奖惩得当,就能进一步调动团队成员的积极性、创造性,并起到激励员工的作用;但如果奖惩不当,就会对团队成员起到完全相反的作用。

惩罚也要讲究艺术性

> 奖励和惩罚在企业的管理中广泛应用，其作用不但影响着员工的外在行为，而且还对员工的内在心理产生一定的影响。因此，管理者要善于把激励与惩罚进行有机结合，如果能够巧妙地将惩罚变为激励，就能对员工产生更为积极的作用。

在管理学中有X理论和Y理论，其中X理论是把人的本性看作向善，Y理论是把人的理论看作向恶。如果管理者认为员工的行为是"向善"，就会以激励为主，以激发其工作热情、提高其工作效率；如果员工的行为是"向恶"，就会以惩罚为主并约束其行为。

◎将惩罚变为激励

很多管理者都会遇到这样一个问题：在管理员工时是以激励为主还是以惩罚为主。其实，作为管理者应该二者巧妙地结合起来，做到赏罚分明、激励与惩罚并用，这样才能起到理想的效果。

举例来说，如果员工一旦犯下错误就只对其进行惩罚，似乎没有惩罚就起不到杀一儆百的作用，或者不能体现规章制度的严肃性以及管理者的威严。虽然说惩罚是应当的，但管理者还是要注意方式方法，具体来说，应该注意以下几点：

（1）惩罚要合理。这样才能让员工口服心服，也就是变"消极"的因素为"积极"的因素。否则，极易形成员工与管理者之间的对立情绪。

（2）惩罚员工要与教育员工相结合。在惩罚的过程中，对员工展开一定的说服、教育，这比单纯的一张罚单或通告效果要好。

（3）惩罚员工的时机要掌握好。惩罚的时机很关键，否则会起到负面效果。

（4）惩罚员工时，还要考虑产生行为的原因和动机。这样，才能从根本上杜绝员工再次犯错。

（5）惩罚员工的方式要适当。比如，不能对员工实行"颜面尽失"式的惩罚方式。

总之，惩罚要讲究艺术，这样才能变惩罚为激励和鼓舞，让员工在被惩罚时心怀感激之情，以达到激励的效果，而不仅仅是受到规范或约束。这样，才能达到其他激励方法所无法达到的效果。

◎如何管理不服管的员工

有些员工认为自己有能力，于是就"恃才傲物"，而且认为自己比管理者聪明。因此，在管理者安排工作时，经常会有一种逆反心理，也就是我们经常说的"不服管"。

通常不服管的员工有下列4种情况：

1. 总爱提意见的员工

这类员工往往比较有才华，但却会让管理者经常下不来台，最终导致冲突发生。对于这些员工，需要管理者耐心引导，使其逐渐接受管理者的观点。

2. 经常犯相同错误的员工

对于这类员工来说，管理者只能经常向他们解释完成任务的规定及原因，并鼓励他们向其他员工学习。

3. 喜欢摆谱并自负的员工

这类员工会影响到整个公司的工作效率，对于这类人来说，需要对其进行"角色定位"，如果对方实在不服从管理，只能将其解雇。

4. 组织、纪律性差的员工

对于这类员工，需要树立管理者的权威，恩威并施，让他们加强团队的责任心，并逐渐改掉无组织、无纪律的缺点。

虽然"不服管"的员工有各种原因，但管理者必须综合考虑这些因素，以便调动他们的积极性，变不利为有利，并最终增强他们的组织性、纪律性和创造性。

有一家公司，一位业绩排名始终处在第一位的员工，他认为公司的某一项具体工作流程需要改进。为此，他向部门经理多次提出，但均未得到重视，部门经理甚至认为这个员工多管闲事。

于是，这名员工就私自违反公司的这项工作流程。部门经理发现后，严厉地批评了他。但这名员工很不服，认为自己是对的，部门经理存有私心，并与部门经理吵了起来。

部门经理非常生气，决定严惩这名员工，就上报公司，准备扣除他三个月的奖金，如果再犯，就将其开除。这名员工当然不肯接受，于是就去找总经理评理。

总经理早就听说过这位业绩非常突出的员工。因此，总经理没有立刻批评他，而是先通过交谈，与该员工交换了一些建议和看法。后来，总经理发现，这位员工的思路非常清晰，而他所违反的那项工作流程也的确应该改进。

通过平等的交流，这位员工的反抗情绪逐渐平息下来。从一开始他只认为部门经理有错而自己没有错，到最后居然也承认自己很多地方做得也不对。于是，总经理趁热打铁，让他接受了罚金减半，并公开做出自我检讨的处罚结果。并且，总经理还以最快的速度把那项工作流程进行了改进。

这件事情过后，这位员工很快就改变了身上的傲气与"不服管"的情绪，工作的热情大增，从此积极配合部门经理的工作，同事都说他像变了一个人似的。

员工违反了公司的制度，就要进行处罚。但如何惩罚员工才能对其进行有效的激励呢？这就要求管理者要懂得一定的管理方法以及与人沟通的技巧，如此才能赢得员工的理解和支持。否则就有可能导致人才流失，进而影响公司的正常运转。也就是说，在处罚员工的前提下，还要做到帮助、肯定甚至表扬员工，这样才能留住人心，才能从根本上解决问题。

◎变"处罚单"为"改进单"

处罚单是公司经常使用的一种处罚方式，作为管理公司的一项制度，用久了大家也就习惯了。但实际上，我们可以把"处罚单"变为"改进单"，以达到处罚员工时减弱对其心理上造成的负面影响的目的。

这样的改进单，要远比严厉的处罚单效果好。因为改进单非常富有人情味，具有提醒、教育和启迪的性质。因此，当员工违反了公司的一些管理制度，收到"改进单"以后，在心理上会发生一些变化，比如从最初的反感、抵触和反抗，到最后的理解、认知以及接受并改正错误。

这就是管理者在处罚上的艺术，并进而形成一种企业文化。最终就会形成这样的效果：本来处罚是一种反面的教育，通过管理者的转换，就变成一种正面的教育，还能够鼓励员工改正错误，并激励员工在正确的方向上努力前行。

因此，惩罚绝对不是冷酷、无情的，只要我们敢于大胆创新，惩罚就会变成与正面表扬一样激励员工，甚至产生比正面表扬更好的效果。即化被动因素为主动因素，将批评与惩罚员工变成激励员工。

奖惩激励中的"热炉法则"

> 热炉法则，就是要求在已制定好的规章制度面前保持人人平等。它是源自于西方的一种惩罚原则，其现实意义在于，只要有人在工作中违反公司的规章制度，就要使其碰触一个烧红的"火炉"，让违规者感受到"烫"的处罚。

热炉法则的本身不是目的而是手段，也是一种不得不为之的反面激励方式。其作用不仅可以教育其本人，更重要的是让团队的其他成员引以为戒，并通过一些适度的外在压力，使得他们产生一种能够时刻防范违规的意识。

◎ 热炉法则的三个主要特征

在管理学中，热炉法则是一个非常重要的管理定律，通常具备以下三个主要特征：

1. 即刻性

火炉不分贵、贱、亲、疏，当有人即将要触碰到火炉时，任何人都可能会被其烫伤。团队管理的制度也应该是这样的，无论职务高低，任何人在惩罚面前一律平等。此外，在违规行为发生后，必须立即进行惩处，切不可拖泥带水，也绝对不能有时间差，这样才能达到及时改正、纠正违规行为的目的。

2. 预先示警性

由于摆放火炉的位置十分明显，而且火炉的外观火红，这会让所有的团队成员都明白，即使不用手去摸，火炉的热度也足以灼伤人。因此，热炉法则具有比较强大的警示作用。但也有一些企业，他们平时把规章制度锁在抽屉里，员工们根本不知道"火炉"的存在，直到员工违规后，才把规章制度拿出来作为惩罚的依据，这样做是绝对不能服众的。

3. 彻底贯彻性

火炉绝不只是用来吓唬人的，而是能够说到做到。如果有人明知企业的相关规定，依然以身试法，即触犯规章制度，管理者就必须对其进行惩处，以明纪律、以儆效尤。否则，就会让制度变成一种摆设，难以发挥其应有的作用。

春秋时期，齐国著名的军事家孙武，在伍子胥的引荐下来到吴国面见吴王阖闾，并为其献上《孙子兵法》。吴王阖闾非常欣赏孙武，为试其才，就让孙武现场操练兵马，孙武欣然同意了。

可吴王又给孙武增加了难度，对他说："可否用宫中妇人操练？"孙武想都没想，当即允诺。于是吴王命人找来了180名宫女，交给了孙武。孙武将所有宫女分成了两队，还把吴王最宠爱的两个妃子任命为队长。

等宫女们手持长戟，列好了队形，孙武就站在队伍的最前面，对她们高声喊道："我说向前，你们就向前进，说向后就向后边退，说向左就向左边站，说向右就向右边站。"众宫女皆称"是"。孙武说完就命人击鼓，发出向右的号令。

但众宫女不但未能依令而行，反而哈哈大笑。于是孙武命人搬出了刑具铁钺，并对她们三令五申。但宫女们依然笑着不动，这时孙武就命令手下将吴王的两个宠妃队长执行"死刑"。吴王见状大惊失色，他连忙命人阻止孙武。孙武却答道："我既受大王之命为将军，将在军中，君命即有所不受。"

最终，孙武把吴王的两名宠妃立即"正法"，随后又命令两位站在排头的宫女为队长。此时，众宫女不管是向前向后，还是向左向右的动作都操练地非常娴熟，她们再也不敢视孙武的命令为儿戏了。后来，吴王阖闾任命孙武为大将，而孙武也为吴国立下了赫赫战功，前后灭楚、降齐，使吴国在当时的诸侯国中称霸一方，成为一个实力强大的国家。

这个故事说明，企业在一方面要有具体的规章制度，而另一方面管理者作为惩罚制度的实施者，对其所倡导的制度更要身体力行。如果出现"刑不上大夫"的状况，那么对于管理团队所造成的影响来说，还不如不制定这些制度。

另外，企业在制订相关的惩罚制度时，还要遵循合理合情的原则。比如，我们以最简单的迟到来说，如果员工迟到一次罚款几十元谁都没有话说，但如果迟到一次就罚款数百元以上，那就变成了"暴政"，相信在这样的"暴政"之下，慢慢地就不会有人认同公司的制度。

所以，企业创新的机制很重要。比如，企业应当形成"奖励为主，处罚为辅"的激励型的管理机制。这样，员工就会对罚款制度多一分理解，并减少因"要罚我"而产生的反感。

◎在"火炉"面前人人平等

以管理著称的海尔集团，有一个硬性规定，那就是所有员工走路时必须靠右行，而且在离开座位时也需要把椅子推到桌子底下。如果有人违法这些规定，将被处以金额不等的罚款。

在奥克斯集团的各项规章制度中，其中有一项规定是，在开会时不能听到手机的铃声，如果有违反的员工则会被罚款50元。

以管理严格著称的华为,所有的新进员工都有一条不可触及的"高压线",那就是在进行培训学习期间,不允许与他人上网聊天,如有违反就会遭到开除。可是有一位刚刚入职的新员工却偏偏不相信,他心想:我自己偷偷上网,有谁会知道呢?可是令他没有想到的是,华为在所有用于学习的员工电脑上都受到了监控。结果可想而知,这位员工在第二天就被华为辞退了。

其实,这些企业之所以做出这些规定,肯定是希望全体员工能够在其内心深处形成一种强烈的观念,那就是公司的"制度和纪律",是一个不可触碰的"热炉"。

马谡是诸葛亮手下一位非常重要的参谋,曾经在诸葛亮南征时提出"攻心为上,攻城为下,心战为上,兵战为下"的战略方针,深得诸葛亮的信任。后来诸葛亮在第一次北伐,与魏军对战街亭时,从未领过兵、打过仗的马谡此时自告奋勇,提出率军镇守街亭。

尽管诸葛亮很赏识马谡,但面对从来没有打过仗的马谡,还是不敢轻易答应他出征的请求。但马谡执意前往,而且还愿意立下军令状,如果战败就处死他的全家,诸葛亮考虑再三,最后还是同意了,但为了确保万无一失,诸葛亮特意指派为人非常稳重的王平将军与其随行,并反复交代马谡,在安营扎寨之后必须立即回报,而且遇事要与王平共同商议。

临行前,马谡答应了诸葛亮的所有嘱托。但到了街亭后,他根本不听王平的建议,执意把军队安排在山上驻扎。就这样,魏军抵达街亭后,立刻在山下切断马谡大军的水源,使得马谡军队兵败如山倒,作为蜀国最重要据点的街亭也因此失守,诸葛亮的第一次北伐也就此失败了。随后诸葛亮只能挥泪斩马谡。

这个故事说明,在"火炉"面前人人平等,只要有人触碰它,轻则受伤，重则被烫死。诸葛亮没有因为马谡是自己的心腹爱将就对他网开一面，这保证了惩罚的平等性。而且在马谡出征之前，还立下了军令状，起到了预防作用。后来马谡犯下大错，诸葛亮立刻对其执行死刑，也体现了即时性。

不过，需要注意的是所有的惩罚制度只是一种管理公司的手段而绝非目的，这是因为，如果过渡使用就会适得其反。企业在制定相关的惩罚制度时，必须遵循公开、公正和公平的原则，并结合与之相对应的奖励制度，这样才能让员工心服口服并勇于认错，而且"热炉"能够带给员工的，不仅会有灼烫感，还会有温暖之意。

即时激励，效果会更佳

> 即时激励是指，当员工在工作中做出一定的成绩后，管理者应该立即给予员工一定奖励的管理方法。即时激励通常用于管理销售团队，这样可以对员工起到立竿见影的激励效果。因此，对于管理者来说，即时激励是其必备的管理技巧之一。

当公司为管理员工而制定出奖励政策后，一方面希望能够迅速起到激励效果；而另一方面则希望激励效果可以更持久，甚至变得越来越强。同时，管理者还希望激励员工的范围不只是一两个人，而是越广越好。

◎即时激励，就是要当即奖励

管理者一旦制定了即时激励，就应当立即执行。即便是这么简单的道理，仍有很多管理者未能予以重视。

某公司的主要业务是代理、销售知名品牌的工程机械设备。最近，公司老板推出了一项针对销售人员的奖励政策，以激励他们在新季度的市场销售中取得佳绩。这项政策是，在这个季度中，销售人员每卖出一台设备，老板就会在他们的工资和销售提成以外，再给每人奖励2000元。

大家知道奖励政策以后，都十分激动，于是士气大振，开始有针对性地进行销售工作。没过多久，负责A区的小张就传来捷报，他与客户签订了销售合同，取得了开门红。同事听说后，全都围在他的身边，一起嚷嚷着让小张领到奖金后请客。

老板闻讯之后，只是对小张连声称赞，并肯定了他的努力工作，却对发奖金的事情只字未提。小张对此有些失落，但他心想，这项奖励政策老板已经当众宣布了，肯定不会有什么问题的，可能会在下个月发工资的时候一并奖励。

于是，小张继续努力工作。一周之后，小张又签了一单，与此同时，其他的几个同事也都纷纷签单成功。

可是老板的举动却让他们感到失望，老板对奖金的事情再次只字未提。最终，到了下个月发工资的时候，老板所说的这笔"即时奖励"，却依然没有兑现。

小张和其他员工一气之下纷纷提出辞职，准备加入到老板竞争对手的公司。老板见状，才慌了手脚，他立即答应发给他们当初准备兑现的工资，但此时已经为时已晚，公司很快就陷入了危机之中。

相信懂得管理或是有管理经验的人都非常清楚，这是一个非常失败的激励案例。这个公司的老板已经当众制定了即时激励制度，其目的就是为了刺激销售人员努力工作。当小张等员工已经完成任务后，老板却失信于员工，结果引起了员工的强烈不满。

此外，即便是老板把奖金放到下个月工资中发给员工，虽然能够起到一些激励作用，但效果也会大打折扣。而最好的处理办法是，每当小张以及同事完成任务后，老板立即将全体销售人员聚集在一起，并把完成任务的员工请到大家面前，当众给他们颁发2000元奖金。

这样，不但完成任务的销售人员会觉得很有面子和成就感，也会给其他的销售人员以极大的刺激与鼓励。这才是真正的即时激励！此刻员工们会感觉老板说到做到，从而产生出一种"他能行，我也行"的心理暗示，并为此更加努力工作。

◎管理者做不好即时激励的原因

即时激励虽然是一种简单且重要的激励方法，但依旧有很多管理者做不好，其中包括以下几点原因：

1. 管理者不清楚即时激励取得的良好效果

管理者由于经验或者其他方面的因素，他们不知道即时激励能够对员工或者整个团队所起到的激励效果，因此，就将本来可以做得很好的激励过程变得平淡无奇，甚至起到负面效果。

2. 管理者对于奖金的作用存在认识上的误区

很多管理者，可能会对"奖金的数量"这个问题特别重视，但对"奖金究竟如何发给员工，才是最有效果的"这个问题没有认真思考。通常情况下，他们可能会有"奖金只要给了就可以了，迟一点也没有关系"的想法。虽然员工十分在意奖金的数量，但他们也在意"发放奖金的时机和方式"。

3. 管理者对员工的不重视

一些管理者有种高高在上的感觉，他们对员工根本不重视，或者说得严重一点就是漠视员工。他们认为，只要给员工工资就可以了，如果再给奖金就是在刺激员工，而至于给员工什么成就感之类的事情，就根本想都不会想了。那些漠视员工的管理者，是很难把团队带好的，最终员工只会毫无斗志。

◎即时激励的方式

如果员工取得一些进步或成绩之后，管理者应该如何具体实施即时激励呢？实际上是很简单的，下列几种即时激励方式、可以供管理者参考：

（1）在第二天的晨会上，立刻对员工进行重点表扬。

（2）在每周的团队会议上，公开表扬员工。

（3）在公司的公示板上，贴上员工的照片并附上表扬的文字。

（4）在公司的官方网站上，对员工采用大图表扬。

（5）在企业内刊的头版头条等重要位置上，公开表扬员工。

综上所述，要将这些做出成绩的员工与公司"即时激励"这件事情尽可能地放大，并在公司中造成一定的影响力。这样，才能给那些还没有能够做出成绩的员工一针强心剂。

最后提醒一点，倘若采用即时物质激励，奖励员工的奖金最好是现金，并由管理者亲自颁发，会对员工产生更大的推动作用。

【名企激励案例】海尔：对员工奖惩激励极为严格的公司

从某种程度上讲，一个企业是否具有合理、健全的奖惩制度，往往能够决定一个企业的兴衰成败。比如海尔集团，从一个濒临破产、名不见经传的小企业，一跃成为世界500强的一流大企业，其成功的秘诀之一就是对员工灵活地运用了奖惩激励的制度。

在海尔企业的文化中，人力资源是海尔最宝贵的资源，如果将每一位员工的潜能全都发挥出来，产生的力量是无穷的。因此，要想把企业盘活，首先要把员工盘活。而盘活员工最重要的方式就是奖励和惩戒，这样才能充分地发挥出员工的积极性和潜能。

◎海尔激励的"三励模型"

一些研究数据表明，一个工作熟练的员工发挥出自身20%～30%的能力，就可以维持其基本工作而不被企业解雇；而一旦员工受到管理者充分的激励，就能发挥出80%～90%的能力。可见，员工激励对企业的重要性。

海尔集团根据其自身的特点，提出了一种新的激励分析模型，见图5-1，即"三励模型"，其中，"三励"分别是指：正（奖励）激励、竞争激励和负（惩罚）激励。

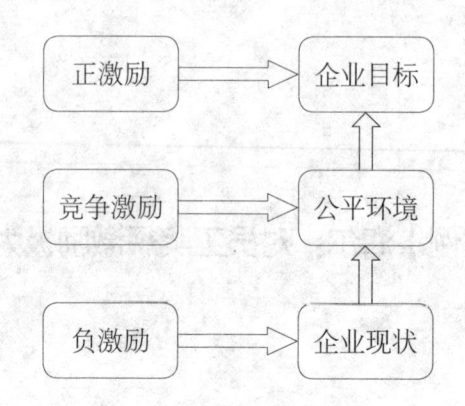

```
正激励  →  企业目标
              ↑
竞争激励 →  公平环境
              ↑
负激励  →  企业现状
```

图5-1　海尔激励的"三励模型"

这个分析模型的含义是指企业的员工从"企业现状"出发，在"公平环境"中不断努力工作，即可实现最终的"企业目标"。

其中，"负激励"是指惩罚激励，即通过对未能完成企业各项目标的员工进行一定的惩罚，让他们感受到工作压力，进而推动员工努力工作并不断取得进步；"竞争激励"是指在企业的内部建立起一种公平、公正的竞争环境，使得员工能够在这种竞争环境下共同进步；"正激励"是指奖励激励，即用一定的物质或精神奖励来吸引员工向企业的目标迈进。这个模型具有以下3个特点：

（1）以明确的企业目标及公平的竞争环境作为激励员工的前提条件。

（2）采用奖励（正）激励和惩罚（负）激励相结合的原则，即赏罚分明。

（3）注重员工之间的良性竞争，有利于员工共同进步。

◎海尔集团的奖励激励

海尔集团内部非常注重对员工实行奖励激励，即对完成企业管理期望目标的员工给予一定的物质或精神奖励，以便更好地调动所有员工的积极性和创造性。

最初，海尔集团不断在员工中宣传"人人是人才"，但员工的反应却十分平淡。他们想：我们只是普通工人，也没有受过高等教育，算什么人才？

但海尔集团的缔造者、董事局主席张瑞敏始终坚定地认为，普通工人具有创新改革的深远意义，于是，他想出了一些激励员工创新的方法，其中有一项是"命名工具"，也就是说，如果员工发明了一种新的工具，哪怕只是一线的普通工人，也可用他的名字来命名工具。

比如，一线工人李启明曾发明一种焊枪，后来被命名为"启明焊枪"；而普通员工杨晓玲发明的扳手，也被命名为"晓玲扳手"。

这一项奖励制度，大大激发了普通员工创新的激情，以至于后来在海尔集团，不断有新的员工命名工具出现，员工也为此感到自豪。

此外，普通工人发明的技术革新成果不但被"命名"，并且海尔集团的文化中心还会对此进行采访，并作为一个宣传案例刊登在《海尔人》报上，这样在普通工人中很快就兴起了技术革新的风气。因为对普通的一线员工来说，这是对他们创造价值的极大认可，也是对他们最好的即时激励，让他们感觉工作是有盼头的，进而为集团创造出更大的价值。

为了更好地实施奖励激励，海尔采用了以下5项奖励原则：

（1）为员工创造良好的奖励氛围。

（2）施行即时奖励，不能等到年终总结以后再奖励。

（3）奖励要考虑每个员工之间的需求差异。

（4）奖励的程度要与所做出的贡献相配，奖励的次数也不宜过于频繁。

（5）奖励的方式要有一定的变化，不能始终老一套，或者千篇一律。

◎海尔集团的惩罚激励

惩罚会让员工产生一定的内疚感，并认识到自己所犯的错误或者存在不足之处，从而帮助自己修正错误的行为。因此，实施惩罚激励，可以有效解决员工的负面行为。不过为了更好地发挥惩罚激励的效果，还应注意下列几点：

（1）惩罚要实事求是，不能道听途说。这样才能让受罚者心服口服。

（2）给被惩罚者一定的出路，不能一棍子打死，使其丧失信心。此外，还应采用思想教育作为辅助措施。

（3）惩罚要有依据，不能采用个人的主观意志来决定处罚。

（4）惩罚的时机要适当，既不可操之过急，也不能久拖不决。否则，就难以起到教育惩戒的作用。

（5）关心和指导被惩罚者，惩罚不是最终目的，要让他们化消极为积极。

海尔集团的"一正一负，一奖一罚"的激励机制，为员工树立了正反两个方面的典型。无形之中给员工营造了良好的竞争环境，并在集团内部形成良好的风气，使员工能够更积极地工作。

虽然说奖惩激励的性质不同，但效果其实是一样的。而且从管理学的整体角度分析，奖（正）惩（负）激励要兼而有之。否则，如果只奖不惩，就会大大降低奖励的价值和效果；但如果只惩不奖，就会让员工不知所措，甚至会产生逆反心理，导致负作用的出现。

因此，海尔集团实施的奖惩激励法，让员工既有机会得到奖励，又要承担一定的惩罚风险，使员工的压力和动力并存，以促使员工努力朝着海尔集团的目标前行。

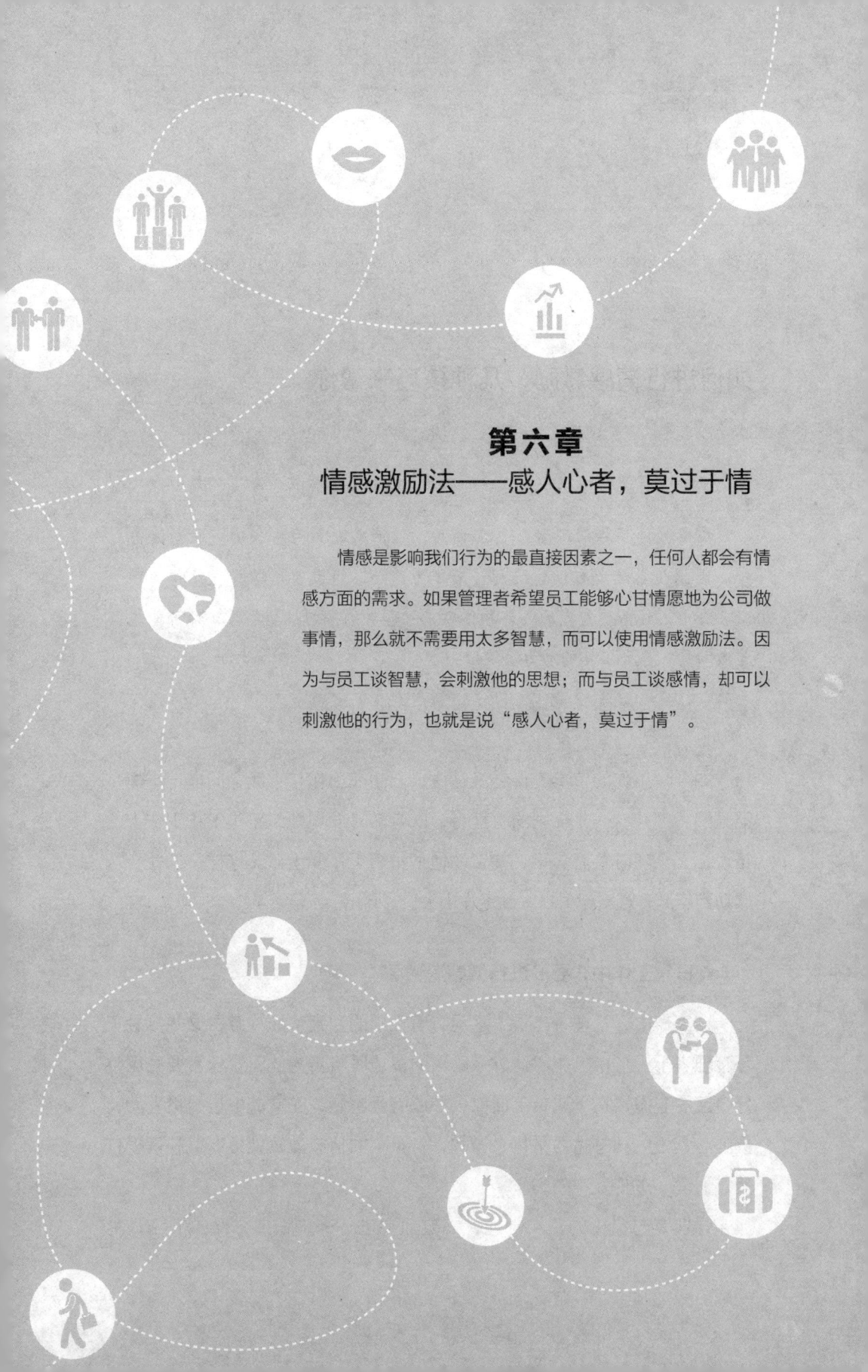

第六章
情感激励法——感人心者，莫过于情

情感是影响我们行为的最直接因素之一，任何人都会有情感方面的需求。如果管理者希望员工能够心甘情愿地为公司做事情，那么就不需要用太多智慧，而可以使用情感激励法。因为与员工谈智慧，会刺激他的思想；而与员工谈感情，却可以刺激他的行为，也就是说"感人心者，莫过于情"。

如何进行情感激励，几种技巧来帮你

> 情感激励是指管理者与员工之间，以情感联系为手段的一种激励方式。因此，它既没有以物质利益来作为诱导，也没有用精神理想作为刺激。每个人都需要他人的关怀和体贴，管理者的一句亲切问候，都可能成为激励员工努力工作的动力。

如今，工作的节奏变得越来越快，要想在工作与生活之间取得平衡是很难的。因此，一个优秀的管理者，既会随时发现并纠正员工在工作上的错误，又会随时关心员工，并帮助他们平衡工作和生活。这样员工就会从感动到感激，直至努力投入到工作中去。

◎日常工作中，要多进行情感沟通

在工作中，管理者与员工之间有着正常的、大量的接触，这些接触正是管理者于无形中实施"情感激励"的最佳时机。为此，管理者要先调整好自己的心态，在下属员工面前，不应有优越感，在交流中也要更主动、更虚心，语气神态也要平易、谦和，对员工的情感激励就会变得朴素、自然，不留下"虚伪"的痕迹。

管理者与员工的工作沟通，一方面要进行一些情感方面的交流，另一方面要在信息方面多沟通。我们每一个人都有情感方面的需要，如果员工能够从管理者那里得到尊重与关爱，就一定会以更大的努力投入到工作之中。而管理者与员工在信息方面的沟通，能够增强彼此之间的了解与信赖。这样，管理者就会体察到员工的所做所想，以及了解员工的才华和能力，进而在分配任务时知人善任、人尽其才；下属员工理解了管理者的意图，工作起来就会更加得心应手，甚至事半功倍。

某公司老板突然接到了一桩业务，需要在半天之内将一批货物送到码头上。时间紧、任务重，但更难的是人手有限。

老板在业务到来的那一天却一反常态，他亲自为工人们下厨房做饭。开饭时老板为每个工人都盛好了一碗，还亲自端到他们每个人的手上。员工小张还没往嘴里送就闻到了一股诱人的红烧肉的浓香。他用筷子拨开米饭，结果在米饭下面发现老板藏着三块大大的红烧肉。他立即抬头看了一眼老板，发现老板正笑嘻嘻地看着自己。小张没有说出来，可能是感到老板比较关心他，知道今天任务重就特别犒劳自己。小张这样想着，他暗自下定决心在下午工作中一定要多出点力。

后来小张发现，整个下午其他员工也都像他一样很卖力地工作，不停地来回飞奔，每个人都汗流浃背却都顾不上擦一下。

最终，他们居然提前完工了。事后小张不解地问其中一个员工："你今天怎么这么卖力干活呢？"

对方神秘地说："因为老板特别关心我，知道下午的工作重，所以在我的饭里放了三块大大的红烧肉犒劳我。对我这么关照，我能不卖力吗？"

大伙听了，全都哈哈大笑起来："老板何止是关心你一个人啊！我们每个人都有份的。"

原来，老板考虑到下午的工作任务重，就给每个人都加了三块红烧肉……

老板通过这样一种细微的情感关怀的表现方式来表达对员工的关心，可谓用心良苦。因此能够让员工受到鼓舞和激励，从而为企业更加努力地工作。

◎进行决策时，让员工有参与感

我们每一个人都会有参与意识，这也是一种实现自我价值需求的表现。员工更希望管理者能够提供发挥、施展他们能力的舞台，让员工运用自己全部的智慧，更好地实现自我价值。

参与感是一种员工在精神方面的高层次追求，理应得到管理者的尊重。因此，管理者在进行决策的过程中，需要具有民主化的作风。哪怕是管理者已胸有成竹，此时也要以虚怀若谷的态度，来征询下属员工的建议和方法。

如果管理者始终认为决策只是领导层才能考虑的事情，那就会陷入认识上的误区。实际上，让下属员工积极献计献策，这不仅能够满足他们实现自我价值的欲望，而且还能激发员工的创造性思维，进而迸发出更多有价值的建议。

此外，集思广益的结果，会让决策变得更科学、更完善、更可行，也同样更有利于目标的实现。

◎布置工作时，巧妙地发问激励

管理者给下属员工布置工作，是执行决策的关键。因此，管理者要做好思想准备，说话要清晰、果断，语气要充满自信，让员工感受到鼓舞。与此同时，管理者还要适时地提出一些问题，并且为员工留下思考、回答的余地。

此外，管理者在布置任务时，还应避免使用比较生硬的命令语气，这样容易消磨员工执行任务的热情，甚至会扼杀员工在执行任务时的创造力。

举例来说，即便是同一项工作，如果管理者这样布置："你必须完成！"员工就不好意思再提建设性的意见，甚至有所顾虑也会很难开口。最终可能导致一些误会，执行起来也会出现拖延的情况。

但如果管理者用另一种布置方式，比如："你看承担这项工作，还有哪些困难需要我来帮你解决呢？"听了这样带有商量口吻的言语，下属员工肯定更乐意接受，也会自然而然地用心付诸执行。

这两种方式，前者只是把员工当成执行任务的对象而已，后者则是对下属员工充满情感式的体贴，以及对员工人格的尊重。

◎出现矛盾时，要宽容激励

有时候，管理者与下属员工之间发生矛盾和冲突是很难避免的，而员工也会出现触犯管理者的情况。此时，管理者需要以豁达的心态处理这方面的问题，切不可耿耿于怀，更不能蓄意报复。

即便是遇到下属员工的态度比较恶劣时，也应以"企业大事需讲原则，个人小事不宜计较"的精神，来尽量予以消除或淡化，必要时，管理者要主动与对方谈心、交换意见，以便能够圆满地解决问题。

有一次，楚庄王宴请群臣们喝酒，直到黄昏还没有尽兴。于是楚庄王命人点烛夜宴，还特意叫上他最宠爱的两位美人来向大臣们敬酒。忽然，一阵疾风袭来，把筵席上的蜡烛全都熄灭了。于是有人趁机拉住一个美人的手，在拉扯中，美人顺势扯断了那个人的帽带，然后她回到楚庄王的身边对他说："刚才灯火熄灭时，有人趁机想要调戏我，现在我已经扯断他的帽带了。大王快叫人赶紧把火点上，看谁的帽带被扯断了。"

楚庄王说："我请群臣喝酒，有人喝醉了就会失礼，绝对不能因为失礼就羞辱他人！"于是向左右传令不要点燃蜡烛，并大声说道："寡人今日设宴，如果不喝到帽带断了，就不能算是尽兴！"

于是一百多个大臣都把自己的帽带拉断，这时楚庄王才命人把火点上，大家都喝得非常尽兴，之后才离席散去。

后来晋国与楚国交战，有一位大将总是在前面冲锋陷阵，他奋勇作战，带领楚军击退了敌人，最终获得大胜。楚庄王觉得很讶异，就问他说："我的德行尚浅，又没有特别地优待你，为什么你却这么卖命呢？"

那个人说："我以前因喝醉而失去了礼节，早就应该被处死，可是大王却隐忍不杀我。我就是那个帽带被扯断的人啊！我无以为报，只有拼死力战才能回报大王！"

我们从这个故事中看到，如果管理者能够像楚庄王一样激励下属，不但不会有损形象，反而会因此提高自己的威信，并因此加深管理者与员工之间的理解和沟通。

情感激励，用自己的真心换取忠心

"女为悦己者容，士为知己者死"，这是情感效应的具体体现。作为管理者来说，如果想要真正调动员工工作的积极性、创造性，就需要都对其进行情感方面的投资，这样，就能用自己的真心，来换取员工的忠心。

在竞争日益加剧以及人与人之间的感情日益淡化的当今社会，情感投资是管理者可以利用的重要资源。同时，人也是最具情感的生灵，如果管理者能在用人管人的过程中，对员工适时地进行情感激励，可能收到其他激励所不具备的效果。

◎管理员工，要"攻心为上"

孙子兵法说："攻城为下，攻心为上。"诸葛亮也深谙此道，于是他采用"攻心"之术，在蜀国的南方地区"七擒孟获"，使得那片蛮荒之地从此安定下来。其实，"攻心"就是情感激励的体现。

对管理者来说，情感激励是比物质激励更为有效的激励方法，能够增加管理者与员工之间的联系与沟通，并形成非常融洽的工作氛围。更重要的是，员工在得到管理者的情感激励后，回报是发自内心的，是真诚的，又是无限的。

被誉为"经营之神"的松下幸之助就特别强调对员工带有"人情味"的管理方式，也就是合理运用"情感激励"，具体方法有对员工"轻拍肩膀""秘送红包""请客吃饭"等。

在松下公司的车间里，如果一个员工正在非常努力地进行操作时，就会受到前来巡视的厂长或主管们的鼓励。而常用的方法是轻拍几下员工的肩膀，然后说几句"干得很好""继续加油"之类的赞赏话。

当员工完成某项技术革新或提出一些合理化建议后，管理者就会用一个信封装上钱款，偷偷地送给员工。凡是遇到节假日、厂庆、婚嫁等特殊的日子，管理者就会慷慨解囊，请自己手下的员工吃饭。在席间员工还可以畅所欲言，这种气氛非常融洽。

此外，为了便于管理、消除内耗，以减轻员工的精神压力，松下公司还专门为员工准备了一间"出气室"。在"出气室"内，摆满了公司很多行政人员和管理人员的橡皮塑像，并在旁边放了几根木棒、铁棍等器具。如果某位员工心里有怨气，或者是对他的领导不满的话，就可以随时来到这里，可以对着领导的塑像拳打脚踢，或是使用木棒、铁棍敲打，这样就能够解除员工心中积压的闷气。

此外，相关人员还会找到有怨气的员工进行谈心聊天，加强沟通，为其排忧解难。这种方法的效果十分明显，很快，在松下公司就形成了一种和谐相容且上下一心的"家庭式"氛围。因此，松下公司的产品质量在与同行的竞争中始终处于领先的地位，产品也格外受人青睐。

这就是松下公司给我们带来的情感激励的启示。

◎爱护年轻员工，使其找到归属感

如今，年轻人在企业中所占的比例越来越大，年轻人的特点是心理不够成熟，频繁跳槽。但他们也同样具有头脑灵活，以及学习掌握新知识和新技能非常快等优点。因此，对于如何管理年轻员工来说，企业要么改造他们，要么放弃他们。

作为企业的管理者，掌握年轻员工的特点之后，就应该更关心、爱护员工，甚至把他们当成自己的孩子一样对待。那样，他们就会对管理者形成情感上的依赖，进而找到归属感。这样才能得到年轻员工的信赖，并调动他们的积极性，激发他们的创造性。

日本企业的管理者，在这一方面就做得非常出色，他们通常将企业视作一个大家庭，对员工尤其是年轻员工关怀备至，这使得很多年轻员工终生在一家企业工作，并与企业荣辱与共。

日本三得利公司是一家百年企业，也是目前日本最大的酒企。其创始人鸟井信治郎先生经常被年轻员工称为"父亲"，这是因为鸟井先生在日常生活中对年轻员工就像慈父一样关心和爱护。

在鸟井先生的商店开业之初，有一次他在偶然之中听到店内的年轻员工抱怨说："房间里面居然有一些臭虫，害得我们连觉都睡不好！"

到了晚上，鸟井先生等到店员熟睡后，就悄悄来到房间内抓臭虫。结果不小心吵醒了店员，当他们看到自己的老板手拿蜡烛，在房间的缝隙处认真抓臭虫时，全都感动得流下了眼泪。

还有一件事情，能够充分说明鸟井先生非常关心、爱护自己的员工。

作田是三得利公司历史上一位非常重要的员工。他在年纪轻轻时，由于家里贫困，就来到了三得利公司。在作田来到公司后不久，他的父亲就不幸去世了。但他并没有告诉公司这件事情，可就在出殡的当天，他却看到鸟井带着员工来到殡仪馆帮忙，这令他非常意外和感动。

丧礼结束后，作田与母亲准备回家，这时却听到鸟井对他说："你和伯母没有车子，怎么回家？"说完，他马上出去叫来了一辆计程车，自己亲自送作田与母亲回家。

由于有鸟井这样如此体贴作田的老板，使得作田在工作中严格要求自己，后来他为三得利公司做出了巨大的贡献，这些都与鸟井爱护、关心员工分不开。

这个案例说明，企业管理者就是企业这个大家庭的一家之长，他们只有用心爱护自己的员工，才能得到员工的信任和爱戴，才能让员工更加努力地为企业工作。

其实，一个富有智慧的企业管理者，一定能在很多细微之处做到常人做不到的点点滴滴，这样他们最终也能得到常人所得不到的收获。而对于很多普通的员工来说，往往一件很细微的小事，就能够深深地感动他们，从而改变他们的行为、习惯，甚至改变他们的一生。

感员工心者，莫过于关注其身心健康

> 随着富士康"跳楼门"事件的频繁发生，员工的身心健康问题越来越受管理者的重视。为此，管理者要充分关心员工在工作、生活中所面临的压力源，进而鼓励、帮助员工提高他们的身心保健能力，学会缓解和释放自己的压力。

世界卫生组织曾经下过这样一句断言："世上没有任何一项灾难，能够比身心健康的不良发展所带来的痛苦更加深重。"可见，身心健康的重要性，然而根据我国相关权威资料显示，我国目前有超过40%以上的员工存在身心健康方面的问题，且近6%的员工具有比较明显的身心健康问题。

◎员工的身心健康很重要

随着生活节奏日益加快，由竞争导致的工作压力也成倍放大，这些都会使员工长期处于疲劳、烦躁和压抑的精神状态之中。如果员工的各种负面情绪不能及时得到宣泄，加上管理者不重视员工的身心健康，比如像富士康公司那样频繁加班，那么员工就会产生更多的消极情绪。

消极情绪还会像病毒一样不断在员工中传播，进而影响到员工的工作表现、创造力以及团队协作等，这样的企业迟早会出问题。因此，管理者必须清楚，员工的身心健康才是企业正常运转的基础。

所以说，对员工进行情感激励，就是从关心员工的身体健康入手，进而赢得员工的心。曾经的手机业巨头摩托罗拉公司的创始人、总裁保罗·高尔文在管理摩托罗拉的过程中，就是这样进行情感激动的。

摩托罗拉公司成立于1928年，自公司成立起，高尔文就非常关心员工的身心健康。因此，不管是员工本人还是他们的家属生病了，高尔文都会特别重视。

例如，他对生病员工经常说的一句话是："你是否找到了最好的医生？如果没有，我可以给你推荐一些有名的医生。"此外，他还直接过问员工的医疗账单，并为付不起医疗费用的员工埋单。

摩托罗拉成立之初，正是肆虐全球的金融危机爆发之时，经济非常不景气。那时候的工人既怕失业，又怕生病，尤其害怕生病后被老板知道而把他们开除。

有一次，公司的采购员比尔·阿诺斯生病了。他的牙病犯了，痛得非常厉害，已经不能坚持工作，阿诺斯很害怕被老板开除。高尔文也很快就听说了这件事情。

可令阿诺斯非常感动的是，高尔文不仅没有开除他，还极力安慰他："阿诺斯，你必须要立刻去看病，工作的事情不用担心，等你身体恢复了再来上班。"

很快，阿诺斯做了手术，手术也很成功，而且他还听说，是高尔文替自己付的手术费用，但他却从未见到过账单。为此，他多次找到高尔文询问，可是得到的回答却是："你以后会知道的。"

后来，阿诺斯努力工作，并且为公司做出了很大的贡献。他也因此获得升职和加薪。于是，他再次找到高尔文，并请求偿还手术费。

可是高尔文却说："我的朋友，把这件小事忘了吧！只要好好工作就行了。"

阿诺斯说:"我会干得更出色的,但我还是要还您的钱……是为了使您能帮助其他员工医好牙病……当然还有别的病。"

高尔文说:"谢谢,我先代他们向你表示感谢!"

我们从这个案例可以得知,高尔文如此真挚地表达对员工的关怀和爱护,使员工感激涕零,并为此加倍地努力工作。而高尔文的付出也得到了回报,摩托罗拉公司在他的带领下,逐渐发展成为一个跨国的巨头企业。

◎损害员工身心健康的因素

关心员工存在的身心健康问题,也就是关心企业未来可持续发展的问题。那么,损害员工身心健康并导致疾病的因素有哪些呢?

(1)企业制度的设置不合理、不科学,其弊端必然会对员工的身心健康产生严重影响。

(2)企业运营机制、管理机制不健全。

(3)已经过时的企业文化对员工带来的严重困扰。

这些因素会导致员工严重的职业压力,不仅损害员工的身心健康,而且会给企业带来负面影响,例如缺勤率、离职率、事故率增加以及频发人际冲突等。

此外,还会降低员工工作的积极性和创造性,以及造成工作效率低下和业绩下降等。而一些更严重的后果,可能不是从表面上能够看出来的,比如给企业带来严重的形象损失以及未来的经济责任等。

◎如何关心员工的身心健康

前面我们讲述了员工身心健康的重要性以及造成的原因,那么,管理者应该采取哪些措施来更好地关心员工的身心健康问题呢?

1. 评估企业内部的各种关系

如果一个企业内部的关系比较紧张，可能会比外来压力更容易让员工出现情绪低落的状况，进而降低员工的工作效率。因此，管理者要全面评估各级管理层与员工之间的关系，不同管理层之间的关系，以及员工与员工之间的关系，并根据具体的评估状况，采取相应的措施进行改进。这样，就会为员工营造出良好的工作环境。

2. 要最大限度地挖掘员工的潜能

管理者只有最大限度地挖掘员工的潜能，才能充分发挥员工的才干，这对绝大多数员工来说，是最有效的激励方法。如果员工能够充分发挥其才能，就会感受到成功带来的喜悦感和满足感，进而对管理者产生情感上的依托。

3. 参加员工的活动，为员工提供适当的帮助

如果员工出现身心健康方面的问题，管理者应随时给予员工一些适当的帮助，以使他们更容易解决所面临的问题。这样做不仅符合员工的切实利益，而且符合企业长期发展的利益。因为企业的健康发展依赖于员工的身心健康的。

古语有"得民心者得天下"，套用在企业上，那就是"得员工身心健康者赢人心"。

【名企激励案例】老干妈：实行亲情化管理的典范

一个出生于贵州一个贫穷、偏僻的山村，从没有上过学，只会写自己名字的大妈，42岁时还在卖凉粉和冷面，49岁时才决定改变命运，开始创业，结果她创造出了一个家喻户晓的品牌，她就是被所有员工亲切地称呼为"老干妈"的陶华碧。

"老干妈"陶华碧，既没有后台也没有资源，她完全不懂品牌，却创造出了一个大品牌，她根本不靠资本驱动，也没有上市的动力，完全凭借着野蛮生长走到了今天，因此，"老干妈"成立近二十年来，一直是大家茶余饭后津津乐道的商业奇迹。

◎ "真不二价"的"老干妈"

有人说，经商须读《胡雪岩》。胡雪岩这位曾经富可敌国的晚清巨商，其经商理念就是"真不二价"，即"货真价实、价格稳定"，陶华碧也将"真不二价"的理念发挥到了极致。

在调味品行业，人人都想成为"老干妈"，但却只有一家"老干妈"：没有推销，也没有广告，就更不用说促销了，只需每天在自己的家门口，坐等经销商前来抢货。而且"老干妈"要求现款现货，即经销商需要先打款，然后才发货，其现金流十分充足，足以令人咋舌。

很多企业都忙着到处找贷款、融资，也想要上市，但老干妈却不贷款、不融资、不上市，并多次拒绝贵州省政府提出的融资建议。

实际上，老干妈的这些市场奇迹和不走寻常路的营销模式，都是依托老干妈强有力的产品质量而存在的，因为它用自己"真不二价"的产品，为全球的消费者提供了一种达到极致的用户体验。

为此，美国一家奢侈品闪购电商，甚至把老干妈誉为"全球顶级热酱"，并称陶华碧为"教母"。

老干妈拥有这么棒的产品，究竟有着怎样的管理模式呢？

◎陶华碧的"干妈式管理"

陶华碧是贵阳南明风味食品有限责任公司的董事长，虽然她担任董事长，但在公司却没有人称呼她董事长，全都亲切地称她为"老干妈"。这是因为陶华碧有着极其独特的管理方式，那就是"干妈式管理"。

陶华碧公司所在地距离贵阳市区比较远，也稍显偏僻，因此员工交通不便，吃饭也难。于是陶华碧决定，公司的所有员工全都包吃包住，从最初的几十人到如今的2000多人，这项员工福利始终没变过。

陶华碧还在细微之处关心公司的每个员工。比如，公司有一个来自农村的员工小王，他的父母早亡，家中还有两个弟弟，需要小王照顾。但小王特别爱喝酒、抽烟，他每个月的工资也几乎全都花费在烟酒上。

陶华碧在一次偶然的机会中得知了这一情况，就非常担心。有一天，陶华碧等到小王下班后，就专门请他去一个大的酒店喝酒，并对他说："孩子，今天我请客，你喜欢喝什么酒就点什么酒，想喝多少都可以。但从明天开始，你必须戒酒、戒烟。因为我听说你的两个弟弟需要你的工资来读书，你现在是家中的老大，可绝对不能让他们像我们这一代人一样，既没念过书，也不识字啊！"

小王听了"老干妈"这番语重心长的话，他深受感动，当即表示自己立即戒酒、戒烟。但陶华碧还不放心，于是她就给小王每月留200元的零花钱，剩下的钱由她来替他保管，等到他的弟弟们上学需要用钱时，再来她这里支取。

有谁能够像她这样，作为一个企业的老板来给一个普通的打工仔理财呢？陶华碧尽管没有读过书，但她却懂得这样一个道理：帮一个人就能感动一大群人；而关心一群人，就会感动整个集体。

尽管陶华碧的公司一共有2000多名员工，但她竟然能叫出其中60%左右的人名；每当员工过生日时，陶华碧就会给他们送一碗长寿面再加两个荷包蛋；员工结婚的时候，陶华碧也要亲自为他们做证婚人；每当有员工出差，她就像家长送子女出门一样，让厨房给他们煮几个鸡蛋带上，并亲自把他们送到公司门口。

陶华碧把员工当成自己儿女一般的这种亲情化管理方式，使得"老干妈"公司拥有了极强的凝聚力。而在所有员工们的心目中，陶华碧就像家中的长辈一样可亲可敬，大家都不愿意离开这个充满亲情的公司。哪怕是有一些人由于某种原因离开，而到了其他公司就会体验到缺少"老干妈"这种"人情味"的管理，也想再回来。

◎情感激励的精髓——"未来是你们的"

如今，年近七旬的陶华碧已经不用每天去公司办公了，除了每个星期去厂房、车间两三次以外，她每天的生活就是和几个熟悉的老太太打麻将。

有一天，陶华碧的牌友在麻将桌上问她："现在你赚的钱几辈子都花不完，还去公司干什么？"陶华碧听后愣住了，半天也没回答上来，到了晚上，她躺在床上睡不着觉，就翻来覆去地想这个问题。

第二天正好是公司的全体员工大会，陶华碧作为董事长要给员工讲话，内容早就被她的儿子李贵山准备好了，按照以往的惯例，只要有人给陶华碧念三遍，她几乎就能够一句不差地背下来。

但等到陶华碧真正讲话的时候，她突然想起昨天牌友的问题，于是她就立刻转换了话题，对大家说："昨天有几个老阿姨问我，你现在有这么多钱了，不好好享福还来公司做什么？我想了整个晚上，也没想清楚。但现在当我看到你们这些年轻的娃娃时就想出来了，毛主席曾说过'未来是你们的'，所以为了你们自己的未来，你们更要好好干呀！"

员工们听了陶华碧的话，会场沉寂了几秒钟，随后，突然响起了热烈的掌声。

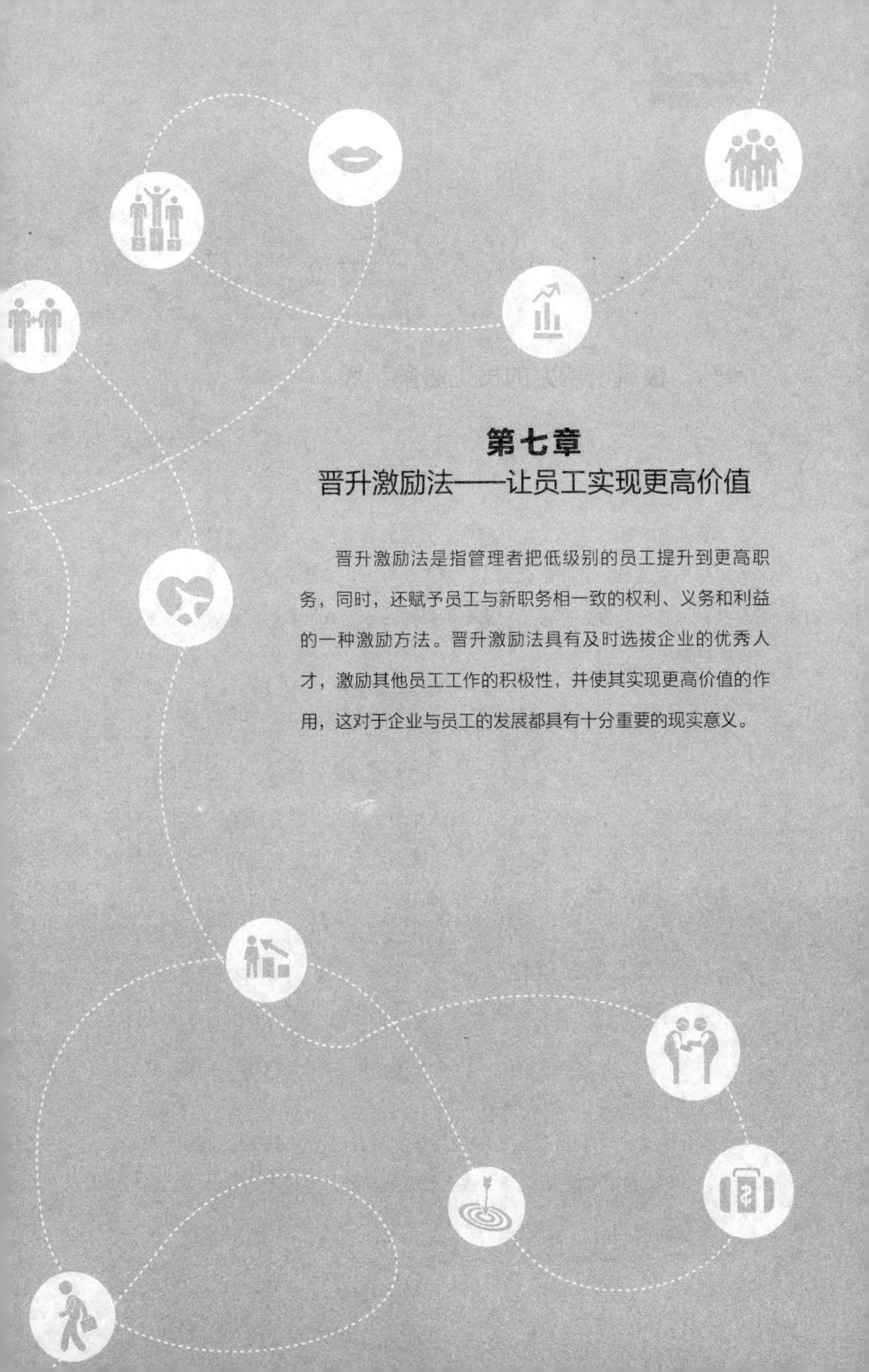

第七章
晋升激励法——让员工实现更高价值

晋升激励法是指管理者把低级别的员工提升到更高职务，同时，还赋予员工与新职务相一致的权利、义务和利益的一种激励方法。晋升激励法具有及时选拔企业的优秀人才，激励其他员工工作的积极性，并使其实现更高价值的作用，这对于企业与员工的发展都具有十分重要的现实意义。

晋升，极具诱惑力的员工激励手段

> 晋升激励可以为员工规划一整套完整的职业生涯，使其通过自身的努力即可不断地取得晋升的机会。一方面能够为员工提供极具诱惑力的激励手段；而另一方面，可以把企业中沉寂的死水变成流动的活水，以增强企业的凝聚力。

相对于给员工的奖金激励来说，晋升激励的效果更好。这是因为，晋升激励是对员工身份地位认可的具体体现。因此，晋升激励不但可以提升员工的职业素质和工作能力，而且还能调动他们的主动性和积极性，并在公司内部营造出一种公平竞争的激励氛围。

◎规范员工晋升的途径

实行晋升激励，首先要规范员工晋升的途径，即为公司的每一个员工指明晋升的方向。也就是说，晋升不单单指的是每一个人的晋升，也是指每个岗位未来的晋升空间和发展方向。

举例来说，如果目前员工的职位是文员，那么其晋升方向就会是高级文员；如果员工目前是工程师，那么晋升方向就是主任工程师。

我们把员工晋升的途径规范好，就是把公司所有的岗位分为几个岗位群，这样就能将每一个岗位融入自己所在的岗位群中，使得员工从下到上，一步一步地晋升。

有些企业在实行晋升激励时，根本没有做好员工的晋升途径，使得员工在自己的岗位上工作了很久，结果只得到工资上升的奖励，而职务却没有任何变化。

◎建立员工晋升的阶梯

员工晋升的阶梯，指的是管理者应当为员工指明晋升路径上的岗位及分布状况。比如，文员类员工属于行政事务类，营销人员属于销售类，工程师属于技术类等。

我们以销售类举例，普通销售人员晋升的岗位，就可以分为销售主管、销售经理以及销售总经理，这样我们为销售人员建立了晋升的阶梯，他们就可以在这个途径上，通过自己的不断努力，来一级一级地得到晋升。

我们通过规范员工岗位的类别途径，为他们建立了晋升的阶梯，就可以为其职业生涯打通通道。这样，员工在工作中就可以目标明确地通过自己的努力，来不断地取得晋升。就好像是让池中的死水变成活水，不断地流动起来一样。也就是说，员工通过晋升，还可以不断被激活，使得他们在提升业绩的同时，还能提升自己的能力，企业才能实现持续发展。

◎员工晋升的标准

当公司对晋升途径进行规范，并建立相对应的晋升阶梯之后，并不意味着员工凭借自己的工作年限就能够随意晋升职位。即晋升职位并不是大家轮流坐的，而是要具有一定标准才可以。通常来说，应具备下列标准：

（1）应具备晋升岗位任职的资格要求，其中包括：学历、专业、年限、同等职务年限等相关资格。

（2）要具备晋升岗位所必备的能力。

（3）当员工晋升岗位后，在规定的时间范围内要达到一定的绩效标准。

管理者在对员工实施晋升激励的过程中，必须要严格按照相关标准进行。而且晋升应该双向流动，也就是说，不但要进行正向流动，还应进行负向流动。即员工的职位要有升有降，对于符合晋升标准的员工要给予其晋升激励，对于符合降级标准的员工也要向下降级。

此外，员工晋升的标准必须明确化、公开化。这对公司晋升体系的应用来说具有重要的意义。只有将标准明确，才能让员工明确进步的方向。

稻盛和夫是日本的一位经营大师，也是世界500强企业京瓷和KDDI的创办者，他有着自己非常独到的经营哲学，比如，在晋升员工方面，稻盛和夫在实践中逐渐摸索出了这样一个方程式：

$$创造力 = 能力 \times 热情 \times 思维方式$$

其中，"能力"是指知识、经验和技能，"热情"是指工作时所有的激情以及渴望成功等方面的因素，"思维方式"是指员工对待工作的心态、精神状态和价值偏好。也就是说，员工的创造力，是以能力、热情、思维方式这三个因素的乘积来衡量的。

在实践中，稻盛和夫运用这个方程式，来作为提拔、晋升干部的标尺。我们从这个等式中可以看出，稻盛和夫在晋升员工时，即便是那些有能力的聪明人或者一流大学毕业的大学生，如果在热情和思维方式方面比较落后的话，依然难以得到晋升。

此外，在稻盛和夫看来，这些看起来引以为傲的东西，反而成为他们专注做事的障碍。如果不能把全身的感觉和能量充分调动起来，并应用于工作的每一个细节之中，就很难会有持久的热情和到位的思维。因此，稻盛和夫总是会这样强调："我希望人们将这个'神秘预言'铭记，也就是说，如果人生与保持心意一致，那么强烈的意念最终就将以一定的现象表现出来。"

◎为晋升员工配备相对应的薪酬和头衔

通常来说，晋升员工时要有对应的薪酬相匹配，这样才能更好地发挥晋升激励员工的作用。另外，有些公司在员工薪酬的具体设置中，有的只是针对个人而不是针对岗位，这也被称为资历工资。即随着员工资历的增长，尽管岗位没有发生任何变化，但依然能够取得这份逐渐增长的工资。

如果一些企业的岗位设置已经到了顶端，也就是说不能再为员工提供更高的职位。而公司为了挽留这些较高职位的员工，就一方面采取增加工资的方式，而另一方面采取改变员工头衔的方式。

举例来说，可以将公司人力资源部经理变为人力资源部总监，即头衔发生了变化。但他们的岗位在组织架构上的位置，并没有发生任何改变，而权限、下属员工也没有改变，只是工资得到提升，这样，员工就从头衔、工资的变化之中获得了晋升激励。

此外，我们还会经常看到这样一种现象：有的公司内部级别较高部门的负责人被称为经理，而级别较低部门的负责人也被称为经理。这也是应用头衔中提升晋升激励的一种有效方式，因为有了"经理"这个头衔，就会特别方便员工的对外交往，由于有很多人为了头衔愿意拿较低的工资，所以这也是一种最廉价的晋升激励方式。

晋升员工，请内部先行

> 员工的内部晋升是很多公司选拔人才的一种方式。可是一旦公司的中高层职位出现空缺，或是需要新设立一个中高层职位，那么如何在公司内部挑选合适的员工来填补空缺的职位，就需要管理者提前做好准备，并掌握晋升员工的一些方式或方法，以备不时之需。

从公司内部来晋升员工，既是激励员工的有效途径，又是留住人才和选拔人才的好方法。下面先来了解一下从公司内部晋升员工的相关内容。

◎内部晋升员工的优点

企业为内部员工提供晋升的机会，可对现有员工的士气起到非常积极的推动作用，并增强他们的自信心，使其充分认识到自己的才能，这本身就是对现有员工认可的最好方式。因此，企业应在内部晋升与员工需求之间找到一个平衡点，一旦找到，就会对企业内部的员工产生非常良好的影响。

具体来说，内部晋升员工的优点有以下几点：

1. 晋升内部员工，比外聘更保险

由于内部员工在公司工作的时间比较长，公司对晋升的员工也非常了

解。所以，晋升内部员工要比从外面招聘新人更保险。

2. 内部晋升的员工，对新岗位的磨合期要短

尤其是在一些比较独特的公司，如果使用外来人员就会在短期内难以适应，而内部晋升员工对新岗位的磨合期要短。

3. 利用晋升员工的客户关系

通常情况下，获得晋升的内部员工往往拥有比较好的客户关系。对公司来说，可以继续利用内部员工的这些资源来为公司服务。如果外聘新人，可能需要进行建立关系的投资。

4. 激励基层员工更加努力工作

晋升内部员工，可以为公司的其他员工树立榜样，这样一来，基层员工认为自己同样有晋升的可能，他们就会更加努力工作。

5. 内部晋升对偏好权力的员工来说，可有效降低激励成本

员工晋升一方面是提升工资，而另一方面也意味着拥有更大的权力。这对于崇尚权力的员工来说，可以起到金钱无法达到的激励效果，而且可以相对降低激励成本。

索尼公司的董事长盛田昭夫有一个习惯，那就是每天晚上都会来到职工餐厅，与职工一起就餐、聊天，以培养他们的合作意识并与其建立良好的关系。

有一次，盛田昭夫在就餐时忽然发现，一位平常很活跃的年轻职工，此时却有些郁郁寡欢、满腹心事，他只顾着自己埋头吃饭，也不理睬别人。

盛田昭夫感到有些意外，就主动坐到他的对面，与这名员工用心攀谈起来，并点了几瓶啤酒。

很快，这名员工几杯酒下肚后，就对盛田昭夫倒出了苦水："我是东京大学毕业的，曾经有一份收入颇丰、令人羡慕的工作。在来索尼之前，我对索尼无比崇拜，因此我不顾一切来到了索尼，而且我甚至还以为这是我一生

中的最佳选择。但来了之后我才发现，我根本不是在为索尼工作，而是为我的领导，也就是我的课长工作。但我可以负责任地说，我的这位课长只是个无能之辈，并且我所有的工作和建议都必须要他亲自批准。这导致他根本不支持我的一些小发明和建议。更令我生气的是，他还总是挖苦我、否定我，甚至还说我有野心。这令我心灰意冷。难道这真的是那个曾经令我十分向往的索尼公司吗？我放弃了待遇优厚的工作而来到这里，就是为了受他的气吗？"

听了员工的这番话，盛田昭夫震惊不已。他想公司中有类似情况的问题肯定不在少数。作为管理者，理应关心员工的苦恼和处境，对于一些有上进心的员工，公司更应该为他们提供一条晋升的通道。

于是，盛田昭夫就产生了对公司人事管理制度进行彻底改革的想法。很快，盛田昭夫让索尼公司每周出版一次内部小报，其中刊登了公司各个部门的"晋升广告"，每个员工都可以自由或秘密地前来应聘，而不必通过他们的上司。

此外，盛田昭夫还做出了这样的规定：员工在原则上每两年就可以调换一次工作，尤其是那些有上进心且干劲十足的员工，要主动给予他们施展才华的机会。

自从索尼公司实行内部员工晋升的制度之后，很多有才华、有能力的员工都得到了自己比较中意的岗位，这让索尼公司的业绩逐年增加，并且也取得了良好的经济效益。

我们从这个案例中看到，晋升激励能够让员工的工作更有目标性，并使其在成长与进步到一定阶段后，能够找准下一步的位置，从而更加持续、努力地为企业做出更大的贡献。

◎内部晋升员工应注意的问题

不可否认，内部要晋升员工存在很多优点，但是如果晋升不合理，也会起到负面的效果，因此，企业管理者在晋升员工时要注意以下几个问题：

1. 减少主观因素的影响

从公司内部选拔优秀人才，管理者千万不能只关注整天围着自己转的人。而是要在整个公司各个层次和范围内科学地考察与鉴别人才。

2. 不要过于求全责备内部晋升员工

虽然内部晋升的员工对公司非常了解，但不能因此而对他们求全责备，而是要更加注重晋升员工自身的优势和特长。

3. 对内部晋升的员工要唯才是举

管理者应该明白，人才是企业竞争的关键，在选人用人上要做到客观公正，不能徇私，尤其是对内部晋升的员工要唯才是举，不能只用固定不变的模式来选拔人才。

4. 要多种途径、全方位地选拔人才

在准备晋升内部员工的时候，管理者要考察内部员工的各个方面，以多途径、全方位地发现并选拔合适的人才。

5. 晋升高层人员需谨慎

内部晋升职位越高的员工就越要慎重，而如何使其能够尽快地进入相应的角色之中，需要有一套相关的指引和考核程序，以保障公司内部或有关部门不至于出现人员调动，而对工作造成影响。

◎晋升内部员工应采取的程序

公司优先从内部晋升员工时，应首先建立一个好的制度和规划。具体来说，可采用下列程序：

1. 发布晋升职位的公告信息

公司首先要将晋升职位信息传达至公司上下所有人员。其中信息的重点，要介绍工作内容、职位资格的要求、职位以后的发展机会，以及选拔的方法、技能评定的方法等。

2. 建立相关的人事记录档案

建立相关人事记录档案，可以了解有哪些员工目前所从事的工作，是低于其实际能力或发展潜力的，这样就可以对其进行专项培训，使得他们具备晋升职位的实际要求。

3. 对公司关键岗位或流动性大的岗位，建立一批内部储备队伍

举例来说，很多公司的营销经理等岗位是比较重要且流动性比较大，这些人员一经流失，就会对公司造成巨大损失。因此，要对这些敏感职位储备一些替补人员。这样可以把人员流失后的损失降到最低，还可以防止因人员流失而损失公司的重要资源。

只要员工出色，就能得到提拔

> 管理者在选拔员工时，需要遵循"只要员工出色，即可得到提拔"的原则，同时，还要对其进行"适时提拔"。这样，才能满足员工的实际需求，并使其感受到管理者的信任，进而努力工作，不断地提升自己的业务能力。

对于每一个员工来说，都有其"能力饱和曲线"，也就是员工在岗位的任职期间，会有一个状态最佳的阶段。如果管理者能够很好地掌握员工的"最佳状态阶段"，即可给他们提供一个新的"用武之地"，使其才能得以尽情施展。

◎员工如何表现，才能得到晋升

面对竞争激烈的工作环境，员工如何表现才能脱颖而出，并且得到领导的重用呢？以下方法非常值得借鉴。

1. 工作态度要积极、进取

如果在工作中始终保持积极、进取的心态，就能将工作中遇到的问题转化成提升的机会。因此，对于员工来说，只有用积极、进取的心态来面对困难，并接受这些问题所带来的重大挑战，才能更有效地解决困难。即便失败了，也可以从失败中总结出一些经验教训，而此时也正是管理者考察员工能力的最佳阶段。

2. 具备做领导者的潜力

我们都知道拿破仑的那一句名言："不想当元帅的士兵，不是一个好士兵。"因此，即便是我们在做员工时，也要表现出自己具备领导者的潜力。比如，对工作要敢于负起责任，遇事敢冲锋在前，这样身边的同事就会自然而然地追随你。此外，领导者还应具有诚信、自信等魅力，这些都是做领导者应具备的潜力。

3. 做好自己的本职工作

对于领导者分配给自己的工作，必须要保质、保量地完成，才能赢得领导的信任。此外，还要勇于接受一些具有挑战性的任务，而且工作越是困难，就越要自信，并加倍努力地把工作做好。

4. 遇事沉着冷静，从不感情用事

企业在发展的过程中，总是在不断发生变化，并随时出现变革。因此，我们只有在工作中沉着冷静、不感情用事，并适当地保持一定的灵活性，才能取得最后的成功。

5. 把公司和领导者的目标视为自己的目标

一个没有目标或者不能把自己的目标与公司的目标保持一致的员工，是很难取得成功的。此外，一旦我们认同公司或领导者时，其实就已经具备了成为管理者的素质。

6. 把自己的工作做到最好

高效工作与蛮干是不同的，蛮干会让效率大打折扣。因此，我们在工作中要开动脑筋，科学、高效地完成工作目标和任务，并尽量做到最好。

7. 为公司创造更多价值

任何公司的老板，都喜欢少花钱、多办事，为公司增收创利的员工。因此，如果我们在工作中不断为公司创造价值，并懂得付出奉献，就会获得不错的回报。

◎把晋升岗位留给出色的员工

德国西门子公司是世界最大的机电类企业之一，如果总结西门子取得成功的经验，其中最重要的一条就是，管理者特别重视人力资源开发，并将晋升的岗位留给公司中出色的员工。

"爱发谈话"是西门子选拔人才的重要途径。在西门子，有一个部门叫"管理人才培训部"，他们会定期组织与公司的所有员工进行谈话，即"爱发谈话"（EFA）。

"EFA"是德文"开发、促进、承认"这3个词的缩写，以中文音译为"爱发"，因此被称为"爱发谈话"。其结果是西门子公司内部选拔人才的重要依据。

爱发谈话有三个原则，分别是：坦诚、透明和信任。其步骤为：首先是前期谈话，其次是进行圆桌谈话，最后是爱发谈话。

也就是说，爱发谈话的步骤层层推进，除了公司的最高经理外，其余员工都会被纳入到谈话之中。另外，被谈者并不是被动角色，而是可以成为主动角色，谈话的过程也是互动的。

爱发谈话强调的重点是，员工必须要将其职业生涯掌握在自己的手中，并制订出一份职业发展规划，像增长知识、才干等技能都是员工自己的责任，西门子公司则加以辅助和指导。每位员工的发展目标，也要与西门子公司的发展战略相互协调。

尽管在"爱发谈话"的交谈方式中，上司处在主角或者主动地位，但他只是以教练的角色，在心理上与员工构成伙伴的关系，并帮助他们分析自己的优、劣势，使其更好地完成自己的职业规划。同时，也在为员工的晋升做好相应的准备。即最终目的是为了选拔更合适的管理人才。

员工在谈话中要比较客观地分析自己目前的状况，找出有哪些强项和弱项，并提出有关培训进修的意愿，进而再根据他们的兴趣、爱好、潜力等特点来设计自己的职业规划。

为了保证谈话效果，谈话上司必须做好充分准备。比如，了解谈话对象中的员工完成工作任务的情况，以及能力、特点、要求等，这些情况通常事先以问卷调查的方式获得。

此外，为了能够提高谈话效果，公司会组织80名专家来对800名谈话者进行专项培训，然后再由这些人来对更多的员工进行"爱发谈话"，其谈话结果会在签字以后规整到公司的人事档案中，以此作为员工日后进行职务升迁的重要依据。

在很多公司的管理中，一些员工本身所具有的巨大潜力，往往被管理者埋没。因此，为了公司的长远利益，管理者应当像西门子公司学习，善于识别内部人才，让他们不至于被白白浪费。同时，在选拔的过程中，也要多拓展选拔的思路，并通过多种渠道、大范围地进行筛选，力求把晋升的岗位留给那些优秀的员工。

晋升激励，是对公司出色员工的一种最具体和最有价值的肯定及奖励方式。只要对员工晋升得当，就能够产生积极的导向作用。这是因为，晋升激励不仅能够鼓励、培养一些优秀的员工，还能够激励公司所有员工的士气。

【名企激励案例】麦当劳：给员工向上晋升的机会

大多数公司的人才结构都呈现金字塔型，越往上去越小。但麦当劳员工的体系，就像圣诞树一样，只要员工拥有足够的能力，就有机会向上一层，成为圣诞树的一个分枝。也就是说，员工永远都有向上晋升的动力，因为麦当劳总会有新的连锁餐厅出现。

在麦当劳公司，总能看到许多勤奋的员工，而且他们所表现出来的主动性和积极性令人惊讶，这是麦当劳公司最宝贵的财富。因为在麦当劳公司，员工们都会有一个非常普遍的信念，即只要你付出努力，就一定会获得相应的报酬与职位。

◎职位与酬劳的公开化

在每一家麦当劳餐厅后面的办公室前，都会有一张1米长、70厘米宽的大布告板。这成为一些计时工作人员经常谈论的话题。这是因为，在布告板的左侧有"职位和工资"一栏，上面写着所有工作人员的姓名与职位。其中的职位有：A级组长、组长、接待员、见习员等，并用英文字母A、B、C标记那些计时工作人员的等级。

而在工资一栏的上面，通常以C级作为基准。普通组长的工资是C级的1.25倍，而A级组长则是C级的1.5倍，并且还能在一年内获得两次分红。

麦当劳的这种把职位与工资公开及透明化的做法，让每个计时工作人员都体会到，上司与其他同伴之间不会有什么私下交易。也就是说，只要你能够努力地工作，就一定会取得相应的职位与报酬。

◎想晋升，在麦当劳不受限制

麦当劳的工作环境能够让每个员工都始终牢记公司理念。因为员工的帽子颜色、制服的款式、铭牌的用途与形状、营业时分配的位置、安排工作时间的长短，以及计时卡摆放的位置等，都能够代表员工处在餐厅中的身份和地位。

这样的做法能够让员工时刻感受到，在麦当劳这个舞台，只要努力向上，在技术与服务的能力上取得一些进步，就肯定能够获得晋升的满足感和成就感。甚至就连在麦当劳工作的计时员工，也会有当上经理的机会。

在麦当劳，升迁没有任何限制。并且麦当劳规定：对于计时人员来说，只要具有3个月以上的工作经验，都可以晋升为经理级的组长，丝毫不受年龄与性别方面的限制。

此外，麦当劳在简报上也经常这样激励员工："麦当劳公司晋升的机会之多，不会比其他任何企业少。请发挥你的实力吧！"简报上的这些话，既适用于一些普通的正式职工，也适用于那些计时的工作人员，这极大地激发了员工的工作能力。

◎业绩考核的"多头评价制度"

通常情况下，公司都会根据员工的业绩，来提升其职位和相应增加工资。麦当劳也不例外地制定了自己独特的业绩考核制度。

在麦当劳餐厅，每个月都会进行一次考核。考核共有八项，分别为质量、服务、清洁、劳务管理、训练、书面作业、自我管理和仪容，其中每一项都有一个评分。而在表格的下端是意见栏，共有四项：对下属的影响力、对顾客和管理以及对店面的影响力、提案和总评估。

当员工有加薪或晋升的机会时，还需要经过自我推荐、公开评价、预先设定目标、事后晤谈、定期评价等程序以后，方可执行。

此外，麦当劳施行的是"多头评价制度"，即参加业绩评定的有餐厅中心经理、计时经理和组长等，他们都会参与到对员工的业绩评价中。

等到考核结果公布以后，需要进行一些个别谈话。这会让员工感受到领导的关心，因此就会提高工作热情，并愿意为获得最佳员工的评价而努力工作，这是一种很好的激励方法。

◎麦当劳的激励方式

麦当劳对员工的激励方式，除了晋升激励之外，还有积分奖励和个人最佳员工评选这两种。

1. 积分奖励

麦当劳的激励机制运用非常充分，每天都会根据实际情况，来为不同岗位的人制定不同的目标。当员工达到目标之后，就能够得到餐厅内部的积分奖励。

麦当劳经常会推出一些新活动、新产品来进行促销。等到前台员工下班后就能够按照管理组事先制定好的目标，来领取相应的奖券。例如，员工卖了25套促销套餐，即可得到5元奖券，卖出35套即可得到10元奖券，以此类推，到了月底时，员工就可以把他们全部积攒下来的奖券，兑换成相对应价钱的奖品。

此外，员工内部有手表、雨伞、手电、腰包等奖品，这需要员工每天都要尽力做到最好，才能收获更多的奖券。麦当劳的这种通过积分奖励来兑换奖品的方法，在餐厅内部营造了一种效果既好又持久的竞争气氛。

2. 评选"最佳员工"

有一些比较细心的顾客在进入麦当劳餐厅时，会发现在餐厅的墙壁上有一个专栏，上面有"当月最佳员工"的照片及名字。这是麦当劳公司对那些优秀员工的一种奖励方式，以鼓励其他员工向优秀员工学习。

在麦当劳，评选"最佳员工"的标准有：

（1）让顾客有100%的满意度。

（2）具有良好的工作适应性。

（3）具有极高的工作标准。

（4）具有良好的团体合作精神。

根据这些标准，麦当劳餐厅就会在每个月，都评选出一个符合条件的"最佳员工"，并将其照片与"标准"贴在一起。这不但鼓励了"最佳员工"再接再厉、继续努力，而且也激发了其他员工的工作积极性。

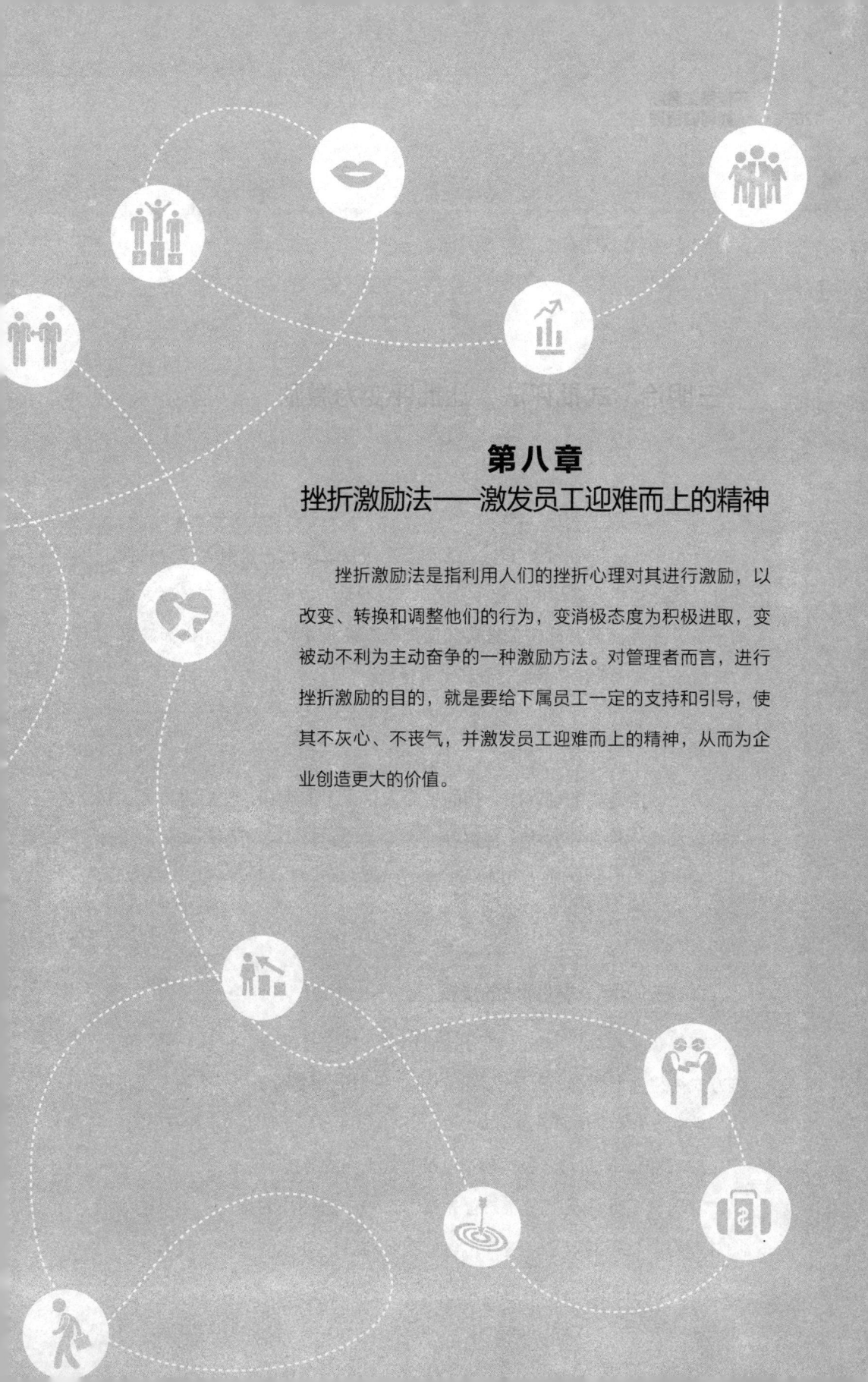

第八章
挫折激励法——激发员工迎难而上的精神

挫折激励法是指利用人们的挫折心理对其进行激励,以改变、转换和调整他们的行为,变消极态度为积极进取,变被动不利为主动奋争的一种激励方法。对管理者而言,进行挫折激励的目的,就是要给下属员工一定的支持和引导,使其不灰心、不丧气,并激发员工迎难而上的精神,从而为企业创造更大的价值。

"三明治"式批评法，让批评变为激励

> 马云曾说："当一个人在其人生的某个阶段经历过一次刻骨铭心的批评时，就会对其成长大有裨益。"批评可以帮助对方看到自身在某些方面的不足，并促使其及时改正错误。但批评要讲究方式、方法，比如采取"三明治"式的批评，就能让批评变为激励。

"三明治"式的批评法，指的是对人首先采取表扬，然后再批评，最后再表扬的一种批评方式。在这种批评方式中，管理者不能一味采取批评员工的手段，而是要把"批评"夹在二层厚厚的"表扬"之间，就像"三明治"一样。

◎ "三明治"式批评法的步骤

年轻员工作为企业的一部分，他们个性独立且敏感，自尊心强，但思维方式往往过于简单。因此，若能对他们采用更加委婉的"三明治"式批评法，激励效果就会更显著。下面介绍一下"三明治"批评法的步骤及说明。

1. 表扬，即向对方表达善意以及对其工作的肯定

管理者在批评员工之前，首先给对方一个整体性的肯定，即可达到消除对方防御心理的效果。这样再谈到有针对性的具体问题时，对方才会更

容易接受。如果管理者一张口就语气严厉，直接批评员工的话，那么对方就会感觉难以承受。而员工为了保护自己，就会像条件反射一样，产生相应的防御心理，这样就很难听取别人的批评和建议，哪怕管理者的批评和建议是正确的。

2. 批评，即指出对方具体的错误

接下来，管理者应用一种比较温和、恳切的态度，具体说明对方所犯错误而导致的负面效果，以及管理者的有关感受，此时，还应该留给对方解释的时间。

另外，管理者应注意，批评的目的不是要否定或打击对方，而是让他认识到自己的错误，心悦诚服地服从管理并加以改进，这样才能起到变批评为激励的效果。

3. 继续表扬，给对方鼓励与信任

最后再给对方鼓励、信任，这就相当于给员工吃了一颗定心丸，使得对方精神振奋、信心倍增。此外，也可以表现出管理者重视或器重对方，但与此同时，也要让对方做出改正错误的具体承诺。

美国的玫琳凯化妆品公司的创始人玫琳凯采用的"三明治"批评法，即"表扬+批评+表扬"模式，已经成为管理学经典。

对此，玫琳凯这样解释她的"三明治"批评法：不管员工做错了什么事情，在批评对方的同时，还必须要找出员工有哪些值得表扬的事情，并使用在批评前和批评后，而千万不能"只批评，不表扬"。

有一次，玫琳凯的女秘书被调到其他岗位了，人事部就为她找来一位刚刚毕业的女大学生麦琪。可麦琪毕竟刚刚毕业，所以工作经验不足。比如，她的标点符号经常搞错而导致不容易阅读，这让玫琳凯十分苦恼。

为了改正女秘书的这个缺点，玫琳凯就采取了她惯用的"三明治"批评法。有一天，玫琳凯对女秘书说："麦琪，你今天穿了一件非常漂亮的裙子,显得你十分美丽大方。"

女秘书麦琪突然听到老板称赞她,就非常开心。但随后老板又接着对她说:"裙子上面的这排纽扣作为点缀,真是恰到好处!但你文章里面的标点符号,就好像这些扣子一样,只有用好了,文章才会变得条理清晰,才更容易让人理解。我知道,你是一个非常聪明而且很有能力的女孩,相信以后,你一定会注意并且能够用好标点符号的!"

此后,玫琳凯的女秘书麦琪,做事不再马虎,而且仔细认真、富有条理,玫琳凯非常满意她的工作,后来还给她升了职。

我们从这个案例中可以看到,玫琳凯采用先表扬,再批评,最后再表扬的"三明治"批评法,使得她的下属不但改正了缺点,而且还取得了很大的进步。玫琳凯的这种处理方法所取得的效果,是显而易见的。

◎ "三明治"式批评法,激励效果最佳

对于管理者来说,批评不是目的,而是一种手段。采用"三明治"批评法,不但保护了被批评者的自尊、自信,并给对方留足了面子,而且还能让对方以最容易接受的方式,认识到自己有哪些缺点和不足。因此,对方可以积极接受管理者的批评,并下定决心改正错误。同时,还能激发积极向上的信心,这是一种最佳的激励效果。

小王和小李是某公司的员工,他们的主管领导分别是周经理和赵经理。有一次,小王和小李上班都迟到了,他们的领导分别对他们进行了批评。

周经理见小王上班迟到了,就把他叫到身边并和颜悦色地说:"小王,我感觉你的表现一向很好,工作方面进步也很多。可最近怎么迟到了好几次呢?是身体不舒服还是其他什么原因?要是身体不适的话,就应及时去医院治疗。你也知道公司的规定,无论是谁迟到都要扣工资,所以要多加注意!

另外，你是非常有前途的员工，我很看好你，一定要好好干啊！"小王听后，既羞愧又感动，此后，小王总是提前上班，再也没有迟到过。

赵经理看到小李迟到了，他眉头一皱，当即大声训斥小李："你看看现在都几点了才来？这段时间你已经迟到了好几次，脑子在想什么呢？是不是不想干了？不想干的话给我立马走人！"小李听后，感觉受到赵经理的当面训斥在同事面前丢了面子，很快，他就真的递交了辞职信。

我们对比这个案例中两种不同的批评方式，就能得知"三明治"批评法的高明之处，周经理的批评更容易让员工接受，而且效果不错。所以说，管理者在需要批评员工的时候，要多使用"三明治"批评法。

此外，管理者还要注意，批评绝对不能像案例中的赵经理那样，把批评员工当成发泄个人情绪的手段，而要考虑到公司的长远利益。因此，管理者要巧妙地运用批评与表扬之间的关系，使得批评可以为激励员工服务，这也是管理者应掌握的一种重要管理策略。

在挫折中，管理者如何激励员工

> 随着社会竞争的不断加剧，员工所面临的工作、生活等方面的压力也越来越大，这很容易使员工产生挫折感。如果管理者，不能及时对员工进行有效激励，就会降低员工工作的积极性和主动性，企业也会出现管理成本增加、整体业绩下滑等不利后果。

作为企业的管理者，应当采取各种有效措施避免员工产生挫折感。员工一旦产生挫折感，就要对其展开有针对性地激励，让员工从挫折中走出来，并把员工工作的积极性、主动性重新调动起来，那么应该如何从挫折中激励员工呢？

◎管理者要学会宽容，以缓解员工心中的压力

当员工遇到挫折时，通常会心灰意冷、丧失斗志。此时，管理者要对员工持以宽容、信任的态度，并主动关心帮助他们分析原因、吸取教训，以缓解员工的心理压力，激发他们重拾信心，从而更加努力地工作。

此时管理者还可以设法拉近与员工的关系，多与员工展开一些非正式的谈话，借机与他们建立情感。管理者除了多说，还要多听。也就是认真地倾听，不要急于进行分析或解决问题。对身处挫折的员工来说，管理者

能够认真倾听他们的倾诉，就足以让他们尽快走出困境。

在美国，有一家公司老板的性格比较强势，他表情十分严肃、刻板，脾气也非常暴躁。他最初管理员工的方式就是对他们大吼大叫，而且从来不分场合。

这让手下的员工非常恐惧他，每次见到他时都会感到压力倍增，甚至很难安心工作，工作效率大大下降。久而久之，老板也意识到了自己身上的毛病。于是，他开始不断反思，后来，他决定改变自身的这些缺点。

为此，他先从微笑开始。不管是在工厂的任何角落，只要见到员工他都会对他们面露微笑，并且像普通人见面一样和他们打招呼致意。

没过多久，不但消除了员工紧张的情绪，让他们的工作效率提高了，而且就连他的客户，也被他的真诚所打动，甚至之前远离他的客户也愿意重新与他合作。

我们从这个案例中看到，管理者学会用宽容、信任的态度来对待员工，就能在一定程度上缓解他们心中的压力，使其更加努力的工作。

◎给员工将功补过的机会

每个员工面对工作上的压力和挫折时，难免会犯错。管理者此时不要过于严厉地对其惩戒，而是应该给员工将功补过的机会。这样才能在挫折中更有效地激励员工。

日本的富士电机公司，有一位项目经理名叫大岛。在平日的工作中，大岛做事小心谨慎，工作能力也非常出色。但最近由于公司的业务十分繁忙，使得大岛倍感压力，结果他在与对方签订合同时犯了一个错误，这让公司蒙受了很大的损失。

于是，大岛的内心深感不安，他认为自己的职位将会不保。可令他没有想到的是，大岛的主管领导没有对他深究，而是把这件事情压了下来。

大岛感到非常内疚，他清楚地知道，自己犯下的错误足以让公司处罚甚至开除自己。于是，大岛决定把目前的挫折变为动力，为公司创造更多的效益。从此，他比以前更加努力地工作，希望能够为公司弥补一些因为工作失误而带来的损失。

就这样，在大岛辛勤的工作下，一年后，大岛就为公司创造出远比损失多得多的经济效益。最终，大岛的努力得到了公司高层管理者的肯定。曾经力主不要处罚大岛的主管领导这样说道："尽管大岛做了错事，给公司带来了损失。但只要给他一个机会，就一定能将功补过。"

在大岛工作取得优异成绩后，公司并未给大岛更多的奖赏。但大岛认为这是理所应当的，此后他终于卸下了之前因挫折带来的压抑感，也如释重负。

公司的管理者后来这样解释道："公司的员工对工作都很有责任心，谁都不愿犯错。如果因为某位员工犯错而大加指责，或是威胁他，虽然能够取得一定的教训作用，但员工可能会因此而一蹶不振。这样公司就会犯下更大的错误。"

通常情况下，高明的管理者总能权衡出利弊，也就是当员工犯下错误时，不对其进行过于苛刻的批评，而是让挫折本身来激励员工。给员工一定时间修正，给他一个机会，员工自然就会更加努力工作。否则，就会将员工逼上绝路。这种用挫折来激励员工的方法，是一种比较艺术的管理方法。

◎当团队遇到挫折时，不要给员工制造紧迫感

很多管理者都认为，给员工制造紧迫感可以调动员工的积极性。但如果员工正处在挫折中时，这种急迫感就很容易转变成为恐惧症或恐慌症。

在心理学中，恐惧虽然可以调动员工的积极性，但也会给员工带来一定的混乱。就像我们在丛林中遇到了凶猛的野兽，就会出现想要立即逃生的恐惧感，并毫无目标和方向地仓皇而逃。

此外，恐惧还会给员工造成一定程度的压力，大大降低他们解决问题的能力。因此，绝对不要给挫折中的员工带去紧迫感，这是一种有害无益的做法。

正确的做法应该是：首先要稳定团队中已经出现的紧张情绪，这需要管理者先把自己的情绪稳定住。因为管理者的一举一动，都会影响到团队中的员工，如果此时管理者的情绪不稳定，就会在无形中将各种不利因素放大，这样更不利于问题的解决。

接下来，管理者要重新提醒企业的最初愿景到底是什么，然后把愿景传递给整个团队，让大家完成具有一些挑战性的目标，并产生正向压力，以此激发出员工朝着目标前进的能量。

变不利为有利，是挫折激励的有效方法

> 管理者面对受到挫折的员工时，千万不要一味指责和歧视，这样会使矛盾激化，进而走向对抗。但也不能对员工一味迁就、容忍，而是要缓解员工的受挫心理，变不利为有利，振奋其精神。

当员工努力工作却总是遭受挫折时，管理者应当抓住时机，给员工一定的支持和引导，即对其进行挫折激励，让员工能够以积极的态度来面对挫折，不断自查、完善自我，以更坚强的意志战胜挫折。下面为大家介绍一些管理者应采取的挫折激励方法。

◎让受挫的员工学会笑对失败

生活并不是完美无缺的，虽然每个人都在不断地追求完美，但总会遇到挫折和失败。对于企业管理者和员工来说，挫折更是习以为常的。那么，如何面对工作中的挫折呢？

1. 失败就是重新认识自己

管理者应当让员工明白，失败给了他一次自我反省的机会。因为失败，首先带给我们心灵上的震颤，但正是由于这种震颤让员工能够重新认识自己，进而好好梳理自己的心情，调整好自己的心态，也就是要好好做

一下反省。

2. 失败能带来宝贵的经验与教训

著名作家林清玄曾说："痛苦是产生一切智慧的根源。失败在给我们带来痛苦的同时，还会迫使我们反思经验和教训，使得在思考中找到解决问题的答案和方法。"由此可见，失败是有益的。管理者应当让员工明白，经验与教训是失败带来的最好礼物，这也是未来成功的有利基础和条件。员工有了这些经验与教训，即可少走弯路，节省成功的成本。

3. 失败能够激发勇气、磨炼意志

孟子曾说："生于忧患，死于安乐。"如果长期处在安逸、舒适的环境中，我们的勇气、意志和雄心就会逐渐消磨并使人丧失动力，而失败却能让我们从安乐的状况中走出来，让意志变得坚不可摧。作为员工应该深刻认识到这一点。

◎在可控的前提下，通过岗位轮换进行挫折激励

面对工作上的挫折，有些员工只是强调自身的利益，而忽视了公司的整体利益。因此，管理者在可控的前提下，对员工适当进行岗位轮换，对于增进部门之间的了解与合作，具有一定的积极作用。

其中，"可控的前提下"是指在岗位轮换后，部门的业绩不会出现明显的下滑。那么，在什么情况下应该对员工进行岗位轮换呢？

1. 让计划部门的人员轮换到生产现场

计划部的人员有时在制订计划时过于理想，这就可能会与实际情况发生冲突，使得他们容易形成一种自我膨胀的意识，此时可适当让他们受挫，进行岗位轮换。

2. 让开发部人员轮换到销售现场

开发部的人员总认为自己开发出来的产品是最好的，但销售部的人员却会认为，开发部人员所设计的产品，根本不符合顾客的实际需求，导致

销量下滑。因此，可让开发部人员轮换到销售现场，让他们体验一下，顾客真正喜欢什么样的产品。

◎给过分自信的员工设置一定的挫折感

有些员工在工作中过于自信，甚至影响到部门内部或者部门之间的合作。此时，管理者应当采取一些方法给予他们一定的挫折感，以打消他们的过分自信感。

1. 让过于自信的员工，犯一个可以弥补的错误

对于一些过于自信的员工，如果他们不犯错误就很难认识到自己的不足。因此，管理者要学会给予他们一个犯错误的"机会"。但这个错误不能是"致命"的错误，而是一个能够弥补的错误，这样就会打消过于自信员工身上的傲气，并使其将功赎罪，进而想办法弥补。

张华是某公司市场部的主管，他的能力很强，做事也很果断且有魄力。但同时，他又是一个极度自信的人，经常认为自己的创意肯定能行，而且一旦想好就要立即实施，甚至他都很难听取自己的顶头上司市场部赵经理的意见。

赵经理一方面比较欣赏他的才华，而另一方面却对他的过于自信感到不满，于是，就想要借机挫一下他身上的傲气。

一次，张华主管与一家广告公司的业务员小刘，达成一项本公司产品促销的协商，但还没有最终签合同。不过，当赵经理仔细检查协议后，发现其中有关环节的可行性存有疑点。赵经理对此提出了自己的异议，张华主管的态度却非常坚决，他十分自信地表示绝对没有问题。

赵经理看他这么坚决，就干脆放手让他去做，以便挫一挫他的锐气。于是，赵经理就同意了张华主管的这份合同。

后来，果然不出赵经理的预料，就在那个存有异议的促销环节上出了问题，导致那家广告公司执行不到位。这势必会影响到公司新产品的宣传力度。

此时，张华主管着急了，他虽然与对方的广告公司进行了多次交涉，但始终未能解决。于是，他不得不向赵经理求助，并深刻地检讨了自己的错误。

赵经理并没有过多追究他的失误，只是在第一时间与另一家有实力的大广告公司重新签订了合同。原来，赵经理早就提前做好了准备，这样公司新产品的发布也没有耽误。随后，赵经理继续安排张华主管跟进这项任务，并且最终顺利地完成了公司的宣传任务。

此后，张华主管逐渐改正了自己过于自信的缺点，在工作中也能听取其他人的正确意见。

在这个案例中，作为管理者的赵经理在面对过于自信的下属员工时，先是给对方一个犯错误的机会，然后再给其一个改正的机会，最终让这个非常"自信"的下属将功赎罪并心悦诚服。

2. 让过于自信的员工承担"他人"的错误

管理者可以给那些过于自信的员工"没事找事"，让其承担一些原本不是他的错误的错误。这也能让过于自信的员工，从这些不得不承担的错误中感受到挫败感。

3. 借用第三方的力量，给过于自信的员工一定的打击

如果在管理者的下属员工中，有一些过于自信的员工，但管理者本身对其威慑力不够。此时，可以借助第三方的力量，来打击过于自信的员工。比如，可以通过更高的上级，或者是借用一些重要客户的力量。

【名企激励案例】激发员工勇于创新的3M公司

> 美国明尼苏达矿业制造公司，由于其英文名称的头三个单词均以M开头，因此简称为3M公司。3M公司是一家历史悠久的百年跨国企业，以其为员工提供一种极其创新的环境而著称，并视革新为其发展方式，视研发新产品为其生命。在美国，它已连续多年成为最受人们羡慕的企业之一。

◎3M公司的创新文化

任何新产品都不会是自然而然诞生的，3M公司也不例外，其创新的秘诀就是努力为员工创造一个有助于创新的公司内部环境，其中包括硬性方面的研发投入，比如，公司通常要把年销售额的7%用于新产品的研发，这相当于其他公司的两倍以上。更重要的是，3M公司建立了一个有利于创新的企业文化。

3M作为一个以"创新"为生存口号的公司，具有极为强烈的创新意识和创新精神。其中，选择知识型的员工是实现公司价值的最大资源，也是3M得以实现目标的主要因素。

因此，3M公司的管理人员坚信，鼓励员工发挥其主观能动性，并为其提供创新方面的指导和自由，进而建立一种有利于创新的公司文化氛围，是极其重要的。也就是说，冒险和创新是3M公司发展的强烈要求，并在诚实与相互尊重的气氛中给予员工鼓励与支持。

公司创新斗士们的发明一旦取得成功，就会立即受到3M公司英雄般的热烈款待。在这样的鼓励下，3M公司那些年轻的工程师们勇敢地带着新构想，到处进行冒险。就连3M公司董事长莱尔也说："在3M公司，你绝对有坚持到底的自由，也就是有不害怕犯错误、不畏惧失败的自由，这才能充分发挥企业家精神。"

虽然3M公司只是一家传统的加工制造型企业，但却被誉为世界上最富创新的公司之一，在其创新能力上仅次于苹果和谷歌，高居全球第三。因此，3M公司长久以来几乎成为创新的代名词，并成为众多企业争相模仿的榜样。虽然绝大多数情况下，员工的这些创新是失败的，即毫无收获，可一旦成功，就能给公司带来巨大收益。

3M公司认为，创新最终成功就是无数次失败的结果，即使失败但仍然具有其价值。而实际上很多失败的项目，还可能会在其他领域中重获新生。比如，具有传奇色彩的创新产品——报事贴，就是利用之前开发失败的一款黏胶中获得灵感的。因此，在3M公司，失败的团队没有任何责任，可以一切重新再来。

3M公司不但包容员工的失败，而且还鼓励他们勇于冒险，并为此设立了种子基金，以支持员工非正统的项目，以及有明显回报的研发项目。

另外，在3M公司，不但鼓励每个员工关心市场的需求动态，以此来进行新产品的构思，而且还鼓励他们找到公司开发的新产品的销售市场，以及相关的利益情况等。

一旦员工构思的新产品得到了公司的认可，公司就会相应建立起一个新产品的开发试验组，成员由研发、生产、营销和法律等部门的代表组成。每组有一个执行项目的主管，负责训练试验组。如果能够开发出符合要求的产品，试验组就会一直存在，直到把产品推向市场。

3M公司非常清楚，在成千上万个新产品的构思中，可能最终只有一两个产品能够取得成功。但3M公司却毫不在意，因为3M把"失败和走进死胡同"，作为其创新文化的一部分。其公司文化的核心是："如果你不想要犯错误的话，那么你就什么也别做了。"

3M公司的这种做法，是将员工的情绪不全放在同一个篮子里。而员工的这种不断失败中的创新，能够增加对工作挫折的容忍度。也就是说，在3M公司，只要员工具有不屈不挠、坚持到底的拼搏精神，就终究会有成功的那一天。

◎ 3M公司的15%原则

在3M公司，还有一项颇受员工好评的做法，那就是允许员工把15%的工作时间，花在自己喜欢做的事情上，即便这件事情与员工的工作内容毫无关系也不要紧。

具体来说，3M公司的"15%"的时间，实际上是倡导员工的一种创新与日常工作的互动关系。比如，一旦员工已经产生出一个很有希望的新产品构思时，即可直接与相关的部门联系，以检验是否能够付诸实践。

因此，这是一种很好的激励方法，因为这样做可以让员工不断萌生出创新的构想。而正是给予员工这15%的自由时间，催生出了3M公司史上最畅销的几款产品，比如报事贴、屏幕增亮膜等产品。

此外，在3M公司，与15%原则相对应的还有其在组织结构方面的调整，即为一种扁平化的公司组织结构。在这种扁平化的结构下，可以自愿组成一个项目工作组，人员来自于各个专业，这对于新产品的开发非常有利。

第九章
竞争激励法——让员工工作热情爆棚

竞争是鼓舞士气的最有效工具。没有竞争,就没有活力;而没有活力,就很难取得进步。对员工来说,没有竞争,就会缺乏紧迫感、危机感和责任感。因此,要想增加企业的活力,就必须形成一种竞争机制,让员工能够充分发挥、施展自己的才华,形成优胜劣汰的企业法则。

竞争，让员工充满朝气

> 心理学家曾经做过一个实验，证明竞争可以让一个人增加50%以上的创造力。这也是为什么很多体育项目或竞技游戏能如此吸引我们关注的原因，因为互相"竞争"能给我们带来一种"美"的享受，而这种"美"正是创造力的体现。

作为管理者，要善于利用竞争对员工的激励作用，比如给他们设立一个竞争对象，让员工能够清楚地知道竞争对象的存在。这样的话，员工们就会在工作中你追我赶，不断取得进步。

◎管理者要给员工适时引入竞争机制

目前，在我国的企业中普遍存在着办事效率不高、效益低下等弊端。在这些企业中，员工往往不思进取，甚至懒散、松懈，而产生这些问题的根本原因，就是由于缺乏有效竞争，导致员工毫无斗志而引起的。

因此，管理者应当想办法将竞争机制引入到企业的日常管理中，以激发员工的斗志。因为只有竞争，企业才能立足并生存下去，员工才会士气高涨。

战国时期的楚国，有一位富甲一方的大财主，他看到城里有很多灾民到处讨饭，就心生怜悯，在自家的门前架起了一口大铁锅。他吩咐下人煮了一升米的粥，结果灾民很快聚拢到他家门前，把这些粥全都喝光了。

第二天，他命人煮了一斗米，这次吸引了更多的灾民。到了第三天，他命人煮了一石米的粥，结果，他家门口排起了长长的喝粥队伍。后来，他不但在家门口煮粥，而且还给灾民发粮食，就这样，没过多久他家里储存的粮食就用完了。

于是财主来到乡下买粮食，他发现很多农民在大树下面乘凉，田地也都荒芜了，却无人种地。见此情形，财主感到非常困惑，他就向一个农夫询问道："为什么没有人种地呢？"

农夫回答道："你还不知道吗？城里有个大善人，天天在发粮食，我们每天不用干活就有粮食吃，谁还像傻子一样天天干活啊！"

一句话惊醒梦中人！财主听后喃喃自语道："看来坏就坏在这口大锅上啊！这大锅饭是非砸不可了！"

其实，现实中很多管理者都做过像"楚人施粥"这样的事情，最终导致员工感觉到，无论是干好还是干坏，结果都是一样的，那么为何不舒舒服服地混日子呢？于是，员工就变成了前面提到的"天天有粥吃，何必去劳动"式的懒汉。因此，管理者要适时地引入竞争机制，以鼓舞、激励员工的士气。

◎用工作数据来激励员工

数据是最具有可比性和说服力的。也就是说，员工工作中的数据可以激发其争强好胜的竞争心理，是一种非常好的零成本激励方式。因此，管理者可以采用数据的方式来显示员工的成绩和贡献，以激励员工的进取心，既激励上进者，又鞭策后进者。

美国最大的航空公司，也就是美国西南航空公司，在其内部杂志经常刊登《我们的排名如何》等文章，这让西南航空的员工能够清楚地了解他们的表现如何。员工可以看到公司每个月的例行报告和统计数字等相关信息，比如，准时率、行李处置、旅客投诉案等具体指标。在文章中还会把本月与前一个月的评估结果进行比较，并得出西南航空公司的整体表现，以及在业界的排名情况。

美国西南航空的员工对这些数据信心十足，因为他们非常清楚公司的排名，与他们的工作表现是密切相关的。所以当同行排名一旦高于西南航空公司时，西南航空公司的员工就会立刻得到这个信息。于是他们就会加倍努力工作，以期迅速赶上对方。

由此可见，数据能够很好地激励员工积极性，那么使用数据来激励员工，有哪些具体的实施方法呢？

1. 量化考核指标

所谓量化考核指标是指管理者把对员工各种考核的指标进行数字量化，并将指标以文件或制度的形式明确，以形成具体的考核标准，更形象地对员工各项工作进行描述。

2. 用数据来考核员工

在对员工进行考核或评比时，要尽量使用数据化的方式来衡量员工的工作成绩或取得进步的情况，千万不能只凭借管理者的主观感觉或印象。

3. 对能够定量考核的各种指标，定期公布其考核结果

管理者可以专门开辟出一处空间或场地，来张贴员工的数据榜单。以销售部门为例，可以用数字的形式来张贴公布每一位员工在某一阶段内的业绩完成状况。这样就可以让他们明确自己的差距，以迎头赶上。

简单地说，数据激励就是管理者采用"数字上墙"的方式，把员工的工作行为以及业绩以数字对比的方式体现出来，以激发员工积极进取

的斗志。

美国有一家著名的伯利恒钢铁公司，在查理·齐瓦勃担任董事长期间，公司旗下的一家工厂总是不能完成任务。

于是，齐瓦勃就来到工厂调查原因，他问厂长："我感觉这个生产指标并非遥不可及，是什么原因不能完成指标呢？"

厂长回答说："是工人总是不能完成定额，为此我找过他们很多次了，但说尽了好话却还是不管用。甚至我曾经威胁全部开除他们，也没有什么效果。"

齐瓦勃思考了片刻，就对厂长说："还是先请你带我去车间看看吧！"

很快，他们就来到了车间，正好看到白班的工人准备下班，夜班工人即将接班。齐瓦勃就询问了其中一个白班工人："你们今天总共炼了几炉钢呢？"

这个工人回答道："总共有6炉钢。"

齐瓦勃听后，就默默地拿起一支粉笔，在车间的小黑板上写上一个大大的数字"6"，随后，他就默默离开了。

等到夜班工人上班后，他们看到了黑板上的"6"，感到很好奇，就问白班工人数字的来历。

"这是董事长齐瓦勃先生写的，他还问我，我们白班工人一共炼了几炉钢，我回答说'6'，他就写下了这个数字。"那位白班工人回答道。

第二天早上，齐瓦勃又来到了车间。他看到黑板上的"6"换成了"7"，一问，原来是夜班工人的产量提升了，就微笑着离开了。

等到白班工人上班时，他们都感到很激动，纷纷表示，一定要比夜班工人干得更好。于是，他们为了显示自己的能力，全都努力工作。等到交班时，在黑板上居然出现了数字"10"。

后来，两班工人互相竞争，这个工厂的业绩，最终在整个公司排到了第一名。

在这个案例中，由于工人们的文化程度不高，做事也总是拖拖拉拉，于是齐瓦勃就用数据来激励员工，并唤醒了他们的竞争意识。工人们突然有了竞争压力后，士气也就激发了出来。

不过，需要注意的是，在使用数据激励员工时，管理者千万不能对数据掺假，否则就会适得其反。

让员工始终处于竞争状态

> 人都有争强好胜的心理。如果管理者在企业内部建立一种良性的竞争机制，不仅能充分调动员工的积极性、主动性和创造性。而且，还能全面提高企业内部的活力。简单来说，如果员工处于强烈的竞争状态中，他们就会干劲十足。

无论是自然界还是职场，都有"物竞天择，适者生存"的自然法则。如果员工之间没有竞争，他们可能只会安于现状、按部就班地工作，更不会没事找事做。因此，管理者需要给员工人为设置一些竞争对手，这样员工之间就会主动展开竞争，不断地挑战自己。

◎鲶鱼效应：制造危机，激活员工的本能

从心理学上讲，我们都希望自己能够出人头地，这是一种潜在的心理状态，即拥有自我优越的欲望，也就是一种不轻易服输的心理状态，只是强弱因人而异。即便是某个人的竞争心很弱，但其内心深处仍然会潜藏着一份竞争意识。

当我们的这种自我优越的欲望，出现一些特定的竞争对象时，其内心深处的超越意识就会变得更加鲜明。因此，管理者需要利用员工的这种心

理状态，给他们人为设立一些竞争的对象，这样，当员工知道存在竞争对象时，就会激发出他们的工作热情，大大提高工作效率。

沙丁鱼是一种人们非常喜欢食用的鱼类，价格也很昂贵。因此，很多渔民经常在深海区捕捉大量的沙丁鱼。但运输却是一个难题，因为沙丁鱼很容易缺氧而死亡，死沙丁鱼价格要便宜很多。

为此，渔民们想尽了各种办法，但依旧无法解决这个问题。但一次偶然的机会，有人无意在沙丁鱼的水槽中放入了几条沙丁鱼的天敌——鲶鱼。结果却出乎意外，除了被鲶鱼吃掉的几条沙丁鱼之外，其余的全都活了下来。这是因为在鲶鱼的不断威胁下，沙丁鱼会拼命游动，这样水中的氧气也增加了，沙丁鱼最终也就活了下来。

从案例中可以得知，勇于接受挑战，生命才会充满希望和生机。换句话说，就是引入竞争机制，即可激活整个组织的内部活力。这与用人是一样的道理，如果员工在一个相对稳定的环境生存久了，其主观能动性就会缺乏活力，这样极易产生厌倦感或者惰性。

但如果此时在公司引入"鲶鱼"，并制造一些紧张的气氛时，员工就会立即出现紧迫感，并加快工作的步伐。这样公司就会随着"竞争"的加入而变得生机勃勃。

◎ "鲶鱼效应"的实施方法

"鲶鱼效应"是通过引入外部竞争来激活企业内部人员活力的一种方式，是管理学上的一个术语，对于企业来说具有非常重要的启示意义。因此，管理者要充分利用"鲶鱼效应"带给员工的竞争意识，不断激发员工自身的潜能，为企业带来更大的效益。那么"鲶鱼效应"是如何具体实施的呢？我们可以参考下列做法。

1. 做好员工岗位备份，使其时刻感受一定压力

管理者要为每一个员工都创造出公平竞争的机会，也就是在员工的岗位上设有一个或多个备份，使得他们能够时刻感受到竞争压力。这样一来，员工要想比其他竞争对手做得更好，就需要更加努力工作。

2. 对特殊员工，要暗示其存在着竞争对手

对于一些重要的岗位或身份特殊的员工，为了激发他们努力工作，可以暗示对方有竞争对手的存在。

3. 给那些需要激励的员工，专门设立竞争对象

对于需要激励的员工来说，如果很难找到竞争对象时，管理者可以为其专门设立一个竞争对象，以激励员工努力工作。

4. 对于不思进取的员工，可以引入外来竞争对象

如果有一些员工在工作中不思进取，就应该立刻招聘新员工，从而为该员工设立竞争对手。如果员工仍然不思进取，即可将其辞退。

5. 以裁员的方式，逼迫员工之间主动竞争

对于一些经营状况比较差，而且员工工作积极性也不高的部门，管理者就可以向他们主动挑明，公司准备施行裁员的计划。这样，就可以让员工之间主动展开竞争。但值得注意的是，管理者在使用这个策略时，必须要按照公司具体情况谨慎操作，千万不要草率行事，以免影响公司正常运行。

日本的三泽公司为了激励员工，就陆续从松下、丰田等知名企业引进了一些管理人员，其中既有中层管理人员，又有像常务、专务级高层人员。很快，随着他们的到来，三择公司的其他员工，就都感到自身有了一定的竞争压力。

为此，三泽公司的董事长解释说："公司在刚刚成立时，员工都会呈现出一种蓬勃的朝气。但时间长了，他们就会产生一种惰性，这是非常自然的现象。如果此时引进一些富有朝气和能力的新员工，就会让老员工感受到竞争压力，他们就会立即振奋精神，就像一潭静水立刻沸腾起来一样。"

这种策略，被三择公司称为"中途聘用策略"。正是因为引入了新的生力军，才又重新激发了老员工的斗志，并为三择公司的发展做出了很多贡献。

在这个案例中，三择公司通过引入"竞争者"，使得员工的工作热情被极大地调动起来，活力大为增强。这是因为，适当的竞争犹如催化剂，可以最大限度地激发员工的潜力，使其充满斗志地为企业努力工作。

◎ "鲶鱼效应"不可过度施行

需要管理者注意的是，虽然"鲶鱼效应"可以大大提高员工的工作效率，但也同样存在着副作用。举例来说，当公司团队的整体状态非常好，战斗力也很强时，管理者却引入了"鲶鱼"，就会大大挫伤老员工的积极性，并弱化他们的集体感。

此时，老员工会认为管理者是存心与他们过不去，或者是根本不信任他们。因此，老员工就会出现消极的工作态度，甚至会与管理者对着干。

另外，如果引入过度的竞争，还可能造成团队员工的集团恐慌，导致员工的心理压力增大，反而更不利于员工工作效率的提高。同时，过度竞争还会让员工彼此之间的感情恶化，从而导致更难以共事。因此，在员工之间展开竞争时，管理者一定要在公平、公正的情况下，对他们进行适当的引导，并尽力维护员工之间的关系。

良性竞争，既缩短差距又有上有下

> 很多员工在羡慕其他人能力的同时，也会鞭策自己努力工作，进而迎头赶上或超过对方。这种把羡慕、渴求对方的心理转化为自己学习工作的动力，并通过自己的努力来缩短彼此之间差距的竞争行为，就称为良性竞争。

管理者在公司或团队内部引入良性竞争机制，但这种竞争必须要从公司的制度和实践这两方面入手，这样才能让大家"心往一处想，劲往一处使"，使得员工之间形成你追我赶的学习和工作氛围，进而提升组织的整体水平，使其充满生机与活力。

◎同级之间的压力，更能激发员工的工作热情

日本的管理学大师松下幸之助认为，激励员工的最好机制是在企业中形成一个追求高绩效的环境，大力发扬员工的敬业精神，让那些不劳而获者根本没有容身之地。

因此，在企业内部崇尚高绩效的环境中，来自同级员工之间的竞争压力，要比来自上级下达的命令更能促进他们工作的积极性与主动性。

所以说，管理者可在团队内部引入分组竞争的机制。比如，可以把公司的业务部门分成几个小组，分阶段公布他们的业绩并进行排名，然后定

期总结，表彰一些先进的员工，鼓励那些落后的员工。

在日本松下公司，管理者要求每个季度都必须召开一次由各个部门经理参加的研讨会，以便于了解在这个季度彼此之间的经营成果。但在开会之前，管理者会按照所有部门完成任务的情况，从高至低分别划分为A、B、C、D四个级别。而且在研讨会上，管理者要求本季度业绩最好的部门，也就是A级部门首先为大家发言，然后再按照B、C、D的级别顺序来依次发言。松下公司的这种做法，是充分利用人们普遍存在的争强好胜的心理，来积极提升自己的业绩，因为谁都不想排在最后。

松下公司的这种做法正是良性竞争的体现，管理者应该多加学习和运用，但要注意的是，管理者在给员工分组时需要讲究一定的技巧，绝对不应把所有优秀的员工放到一起，组成"强强联合"，也不应把所有差的员工放在一起，这样会产生管理者故意排挤员工的嫌疑。

◎对于企业的管理人员，要"不上则下"

管理人员对于一个企业来说是非常重要的，因此，要对其实行任期考评制，让能者上，庸者下，这样才能有效激发管理者的工作热情。对企业管理人员实行任期考评制有如下好处：

（1）体现出一种动态的管理理念，这有利于提高管理者的责任意识，增强其上进心。

（2）让那些未能发挥出自身应有水平的管理者，通过一种良性竞争自然淘汰，这样可以大大减少人为因素的干扰。

（3）可以给那些有能力的管理者，提供一个脱颖而出的机会，而且还可以保证管理的权利不会始终集中在无能者的手中。

国内有一家大型集团公司，对中层管理者实行竞聘上岗，竞聘成功者有三年任期。等任期届满后，公司高层就会按照一些具体量化的考评标准，比如市场占有率、利润率、资产增值率等指标对他们进行一次综合的考核评价。

此外，还有一些其他数据作为辅助，比如，评判成长性，是以科研投入占销售收入的比例，以及每年新产品销售收入占销售总额的比例来衡量；员工队伍的素质，是以员工的结构比例来评判；产品及工作质量，是以优质品率来评判；企业内部管理的活力，是以员工淘汰率来评判；员工是否充分发挥工作积极性，是以员工收入拉开档次的比率来评判。

等到管理者任期届满后，其职务就应自行解聘，然后可以再进入下一轮竞聘。竞聘时需要进行张榜公布，凡是符合条件的员工都可以在同等条件下参与竞聘。竞聘时还要考虑到工作的连续性，因此，对任期届满的管理者竞聘原岗位，可以不在学历和年龄上进行限制。而管理者在任期内享受的职务和待遇，解聘后就不再保留其原有的级别和待遇。

案例中的竞聘上岗有利于激发管理人员的积极性，更好地管理企业，不过，值得注意的是，在实行竞聘时，要本着公平、公正以及公开的原则，绝对不能对竞聘者进行内定。

◎如何导入良性竞争，避免恶性竞争

在竞争中，如果出现不公正的地方就会让竞争本身黯然失色，就好像有黑哨的足球比赛一样。那么，如何避免恶性竞争，引入良性竞争机制呢？

（1）制定合理的业绩评估机制。业绩评估机制的制定必须要客观，也就是说，要多从员工的实际业绩入手来评价其能力，不能完全依据其他员工的建议或是管理者的好恶来评价其业绩。

（2）注重团队精神。管理者在制定规则时，要注重团队精神，即让大家明白，公司制定竞争的目标是整个团队一起发展和进步，而不是搞"内

耗"，或清除异己。

（3）制定团队的共同目标。管理者在引入竞争机制时，还要为整个团队制定一个附有奖励的共同目标，这样员工就会懂得，只有共同配合，协同合作才能实现这个目标。

（4）消除对抗。要让员工明白，是彼此竞争而不是彼此对抗，并且竞争不能影响团队的整体利益。

（5）建立沟通体系。为员工建立一套公开的沟通体系，让大家能够多交流，也让竞争摆到明面上来。

（6）淡化内部的对抗情绪。管理者可以在外部选择一个公司所有员工共同的竞争对手，以消除、淡化公司内部员工之间的对抗情绪。

（7）惩罚"害群之马"。管理者要批评、惩罚那些为了竞争而采取一些不正当手段的员工，必要时甚至可以把他们清除出去。

【名企激励案例】麦肯锡公司的竞争激励法

美国的麦肯锡公司，是一家著名的企业咨询公司，其公司管理（采用合伙人制度）以及用人之道（不进则退）一直受到业界很多人的认可。麦肯锡公司招聘员工的起薪标准，与美国一些大公司相比是很低的，但其依旧是很多优秀毕业生的首选公司。

这是因为麦肯锡公司的目标之一是：努力构建一个能够吸引、培养、激发、激励和保持杰出人才的企业。也就是说，在其他企业或大多数公司，人才是他们实现目标的一种手段，而在麦肯锡公司却自称人才本身，就是公司的目标。

◎麦肯锡公司的员工培训机制

从1980年开始，麦肯锡公司把员工知识的学习与积累，作为公司保持竞争优势的一项非常重要的工作。为此，公司在内部为所有员工营造出一种平等竞争的环境，激发员工的潜力和智慧。

后来，随着麦肯锡公司的发展，就逐渐形成了新的核心理念，简单来说，主要有以下三点：

（1）积累和提高员工的知识，必须成为公司的中心任务。

（2）员工对知识的学习和积累过程，必须持续不断，而不是一项与特定咨询项目有关联的暂时性工作。

(3)在员工不断学习的过程中,必须有完善、严格的制度来保证与规范。

目前,麦肯锡公司的全员学习制度已经深入人心,并成为麦肯锡公司一项优良的传统,这为促进员工之间的竞争,以及提升公司的核心竞争力,打下了十分坚实的基础。

这种非常有效的学习机制,给麦肯锡公司带来了两个好处:一是有助于公司员工发展成为具有良好知识储备和丰富经验的咨询专家;二是充实与更新公司员工的知识与信息资源,这为日后的工作发展提供了很多便利条件,并且能够适应外部日新月异的变化环境。

另外,麦肯锡公司还从公司内部进行选拔,挑选出若干名在其领域内具有突出贡献的专家,作为公司各个部门推进学习机制的负责人,并由他们负责从各个部门中再挑选出六七个热情且富有实践经验和知识管理等方面的人员,组成一个核心的学习团队。

在麦肯锡公司内部,为了进一步促进知识和信息的充分流通,建立了一个以知识贡献率作为衡量标准的评价体系。这样,企业内部的各个部门及其成员,就会受到来自知识贡献方面的竞争压力,这种竞争给员工带来的不但有发展客户方面的压力,而且还更加注重对自身知识学习和储备的压力。

◎麦肯锡公司的"导师制"

在员工的竞争激励方面,除了在学习、培训方面给员工带来的压力之外,麦肯锡还有另外一个核心,即"导师制",也就是员工在工作过程中的培训。

麦肯锡公司非常注重内部人员所呈现的"金字塔"结构,其全球各个分公司每年只招聘20多个人,就是为了保证在每一个项目上,要由足够资深的员工来承担项目经理。

对于新来的员工,在招聘的过程中已经充分展示了他们所具备的基础素质，等到进入麦肯锡公司后，再通过基本的培训给他们灌输公司的基本理念和价值观。通常在实际工作中"导师"可以对新员工进行一对一的训练。

举例来说，在每个项目小组中，通常会有2～3人，其中包含资深员工和新成员，项目经理是一个项目的"灵魂"，由资深员工担任。他会将一些大问题分解成很多小问题，然后再分配给组内其他成员。

此外，每个项目小组都要与客户保持非常紧密的合作，不能独自躲在办公室内解决问题。因此，新员工在资深员工的引导、启发下，可以发挥其个人解决问题的能力，做出出色的成果。而且新员工在解决所承担问题的同时，也逐渐掌握了公司解决问题的基本办法。所以，麦肯锡公司的新员工能够在"导师制"的带领下进步"神速"，这也是前面提到过的，为什么会有那么多名牌大学的毕业生选择麦肯锡公司的原因。

◎留住最优秀的人才，其他员工"不进则退"

在麦肯锡公司，所有的员工都能得到上升空间，其中包括职位的晋升和技能的提升。但对员工的晋升，却有着十分严格的规定：

（1）从普通员工到高级咨询顾问。对于刚刚入职的普通员工，是从分析员开始做起的，经过2年时间后对其进行考核，如果考核合格，就可以升为高级咨询顾问。

（2）从高级咨询顾问到资深项目经理。员工在升为高级咨询顾问之后，还需要再经过2年时间的考核。其中的优秀者，即可升为资深项目经理。

（3）从资深项目经理到董事。通常情况下，资深项目经理是晋升为董事的前身。也就是说，资深项目经理在通过公司的业绩审核之后，就可以被升迁为公司的董事，即麦肯锡的合伙人。

虽然这种晋升的机制看起来十分诱人，但其实麦肯锡公司却存在着

"UP OR OUT（不进则退）"的残酷竞争，这是因为，在"UP OR OUT（不进则退）"的过程中，往往会有80%左右的员工就此离职。

麦肯锡公司每年的员工的整体流动率高达25%～30%。但令人感到欣慰的是，即便是从麦肯锡公司离职，也不意味着"世界末日"的到来，因为他们中的很多人，一旦离开了麦肯锡公司，很快就会被全球的猎头公司"挖"到众多知名企业中去，并且在职位上得到了进一步的提升。

也就是说，麦肯锡公司员工在"不进则退"的惨烈竞争中虽然失去了晋升的机会，但却由于在麦肯锡学到更多的知识和能力，让他们能够在其他公司实现或创造出更好的自我价值。

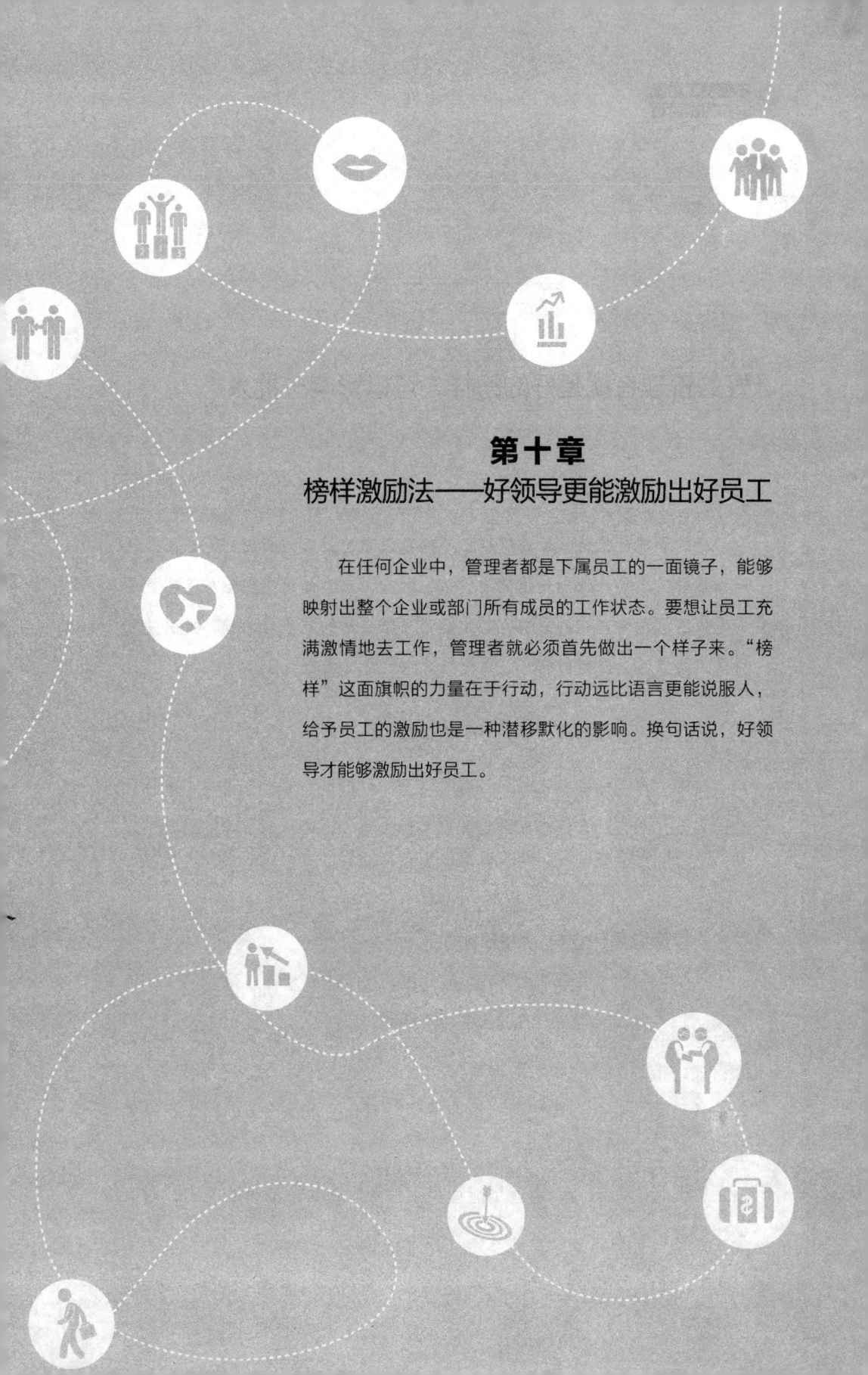

第十章
榜样激励法——好领导更能激励出好员工

在任何企业中，管理者都是下属员工的一面镜子，能够映射出整个企业或部门所有成员的工作状态。要想让员工充满激情地去工作，管理者就必须首先做出一个样子来。"榜样"这面旗帜的力量在于行动，行动远比语言更能说服人，给予员工的激励也是一种潜移默化的影响。换句话说，好领导才能够激励出好员工。

好的管理者就是好的榜样，可以影响一批人

> 好的管理者就是员工的榜样，不仅可以影响员工的积极行为，而且还能而带动员工为企业创造出更大价值。那么，应当如何实现呢？其实更多的是依靠管理者内在的影响力，也就是凭借自身的威望与才智，吸引并取得员工的信任，进而影响、引导和指挥他们完成既定的目标。

管理者作为榜样，也就是让其走在员工的前面，起到示范带头的作用。简单来说，即管理者以身作则，起到一种表率的作用。这样才能激励下属员工，带领他们更加有效地工作，并受到下属员工的爱戴和拥护。

◎ 管理者需建立自身的影响力

管理者所具有的影响力，已经成为衡量其是否成功的重要标志。一个具有影响力的管理者，才能影响手下员工，在领导的岗位上指挥若定、挥洒自如，带领自己的团队取得良好的成绩；反之，一个影响力很差的管理者，就只能依靠命令和权力来指挥下属，因此很难在企业中树立自己的威信，也很难发挥其领导效能。

管理者的影响力，也就是能让员工按照既定目标前行的能力，对管理来说就显得极为重要。因为管理者利用自身的影响力，只需对员工稍加影

响，即可达成共同的目标，也不会出现不必要的争论，任务在执行中也不容易走样，大家都乐于听从团队的安排。简单来说，管理者的影响力是一种潜在的无形力量，可以让团队的所有成员在潜移默化中凝聚在一起。

员工之所以能够为团队努力工作、奋斗，身边能够拥有一位有影响力且能够以身作则的管理者，是一个非常重要的因素。比如，一位员工曾经这样评价他的领导："只要和领导在一起，就能立刻感受到他浑身散发出来的光与热。我之所以努力工作，就是因为领导的威严和魅力能够深深地吸引我。"

◎管理者要以身作则，起到表率作用

管理者只有以身作则，并严格要求自己，才能对下属员工起到表率作用，进而增强自己带领团队的凝聚力。美国玫琳凯化妆品公司的创始人玫琳凯·艾施就始终以"领导者需以身作则，起到表率作用"为所有管理人员的准则，而她自己就是这么做的。

玫琳凯每天都把上班时没有做完的工作，带回家继续完成，她经常对自己说："今天的工作，绝对不能拖到明天去做。"尽管玫琳凯从来没有要求手下员工也像她一样这么做，但玫琳凯的助理和很多秘书都把她作为榜样，有着与玫琳凯接近的做事风格。

玫琳凯为了让自己公司的产品影响不断扩大，她自己从来不用其他公司生产的化妆品，甚至连公司员工也不允许使用其他公司的化妆品，为此，她还这样比喻：难道奔驰公司的销售员，会开着一辆宝马轿车去向他的客户推销奔驰汽车吗？

但有一次，玫琳凯碰巧发现自己公司的一位经理，正在使用其他公司生产的化妆品，于是，玫琳凯静静地走到她的旁边，既委婉又幽默地对她说："我的上帝呀，你是在做产品试验吗？我想你肯定不会在公司里还使用别人的化妆品吧！"这位经理听了玫琳凯的话，脸立刻就红了。此后，这位经理再也没有用过其他公司的化妆品。

此外，玫琳凯还非常重视维护自身的形象，因为她知道，每一个化妆品公司人员的形象都代表着公司，不但会给客户留下十分深刻的印象，而且还会影响到公司的声誉。

在20世纪的70年代，美国社会非常流行长裤，但玫琳凯却从来不追逐这些所谓的流行趋势，她始终都保持着自己一贯的形象，甚至为了保持形象，她还放弃了园艺，这是她一生中最大的爱好。因为她担心，如果稍不留意就会让沾在身上的泥土破坏自己的形象，从而影响到公司的形象。

正是因为玫琳凯以身作则，不断为公司里每一位员工起到表率作用，玫琳凯化妆品公司才逐渐发展起来，并最终成为美国最大的化妆品公司。

从这个案例可以得知，管理者表达和体现责任感与工作热情的最好方式，就是自己要以身作则，以生动、真实的形象和好的榜样来感染身边的员工。也就是说，作为一位管理者，要想身边的员工变得优秀，自己首先要成为优秀的人。

◎管理者要带头执行规则

作为管理者，需要不断尝试，不断学习，这样，才能够与团队一起成长，一起进步。尤其是管理者要带头执行公司的各项规章制度，否则，就难以服众。

这是因为，规则不但是给员工制定的，也是给管理者自己制定的。如果管理者不能很好地遵守规则，那么又怎么能够指望下属员工来遵守规则呢？很多企业内最容易破坏制度的，通常是那些制定制度的人，甚至就是最高管理者本人。

举例来说，大厅中明明写着"请勿吸烟"，但管理者烟瘾犯了，就立即开始抽烟，这样就会给下面的员工带来很不好的示范；很多领导总说要进行团队建设，自己却根本没有按照团队的精神去做。

对于已经制定好的规则来说，必须要坚决执行，这需要管理者以身作则，亲自执行规则。管理者永远是站在队伍最前方的人，所起到的是团队的标杆作用，这样才能给员工做出榜样，并为团队指引前进的方向，使得团队可以昂首阔步地向前迈进。

有一次，美国IBM公司的老板汤姆斯·沃森领着很多客人来到厂房参观，刚刚走到厂门口时，就被警卫拦住了。警卫说："对不起！先生们，你们不能进厂区，因为IBM厂区的识别牌是浅蓝色的，你们佩戴的粉红色识别牌是行政人员的，公司规定，这样的识别牌是绝对不能进入厂区的。"

董事长助理听后，对警卫大声叫道："这是我们的大老板汤姆斯·沃森先生，他正在陪同重要的客人去工厂参观，你们不能阻拦！"警卫人员回答道："公司就是这样规定的，我们必须执行！"现场一下子僵住了，但汤姆斯·沃森却笑着对助理说："他说得没有错，你快去找人，把我们的识别牌换一下。"等到最终所有人把识别牌换好以后，警卫才让他们进入厂区。

有时候，领导者的行为所具有的影响力是超过权力的。但更重要的是，领导者应当理解企业的价值导向，让自己变成企业的代言人，就像包括老板在内的IBM管理层都被染成"深蓝色"一样，这样才能把公司的规则传递给每一位员工，形成步伐一致的团队，进而形成强大的战斗力。

要想做好榜样，先做好自己

> 在每一个企业中，管理者都是下属员工的一面镜子。因此，我们只要了解管理者是如何进行工作的，就能够清楚整个企业员工的工作态度。也就是说，管理者要想做好榜样，就必须自己先做出一个样子来。

古语说得好："己欲立而立人，己欲达而达人。"意思是说，只有自己愿意做的事，才能要求别人做；只有自己能做到的事，才能要求别人也能够做到。因此，管理者应该以身作则，以无声的语言来说服手下的员工，而不是凭借手中的权力，这样才能形成团队凝聚力。

◎管理者要勇于承担责任

美国总统杜鲁门曾经在他的办公室门口挂了一条醒目的标语："Box stop here！"（问题到此为止！）。作为一个管理者，应该仔细体会这句话的含义。

世界上有这样两种人：一种人总是在不停地辩解，一种人总是在不停地表现。作为管理者应当表现自己而不是总为自己辩解，也就是说，当问题出现时，要敢于负起责任，而不是把责任推给下属员工。

有一次，某公司的一个项目没有做好，出了差错，并给公司造成了损失。老板就把总经理叫过去责备了一顿。但总经理没有辩解，他对董事长说："这是我的错，下次一定注意。"

总经理回到办公室，就把他手下的几个副总叫过来，并对他们说："老板刚才骂了我一顿，但我被骂时，可没有说这是你们的责任，我在他面前把责任全部承担下来了，但你们要清楚，是你们犯下的错误。"

随后，总经理停顿了一下，又继续说："如果我刚才在老板面前说，这是你们谁谁谁的错误，那么我这个总经理是干什么的？因此，在老板面前，我承认了错误，并把所有的责任承担了，那么接下来，我们就要想办法解决问题，然后吸取经验教训，这才是最重要的。"

几个副总听后，都很信服总经理，他们纷纷表示，一定会在工作中吸取经验教训，这个错误以后绝对不会再犯。

美国一位著名的管理学大师史蒂文·布朗曾经说过这样一句话："管理者要想充分发挥管理的效能，就必须勇于承担自己的责任。"也就是说，一个有效的管理者，需要为事情的结果承担起个人责任，绝不能轻易把麻烦再传给其他人。

◎管理者须"行"胜于"言"

一个成功的管理者，往往"行"胜于"言"，管理者对于下属员工的影响力99%在于其威信与魅力，1%在于其权力行使。而这种威信与魅力，正是源于管理者自身的行为。

所谓"行"胜于"言"，也就是管理者将"按照我说的去做"改成了"按照我做的去做"，这样通过自己的以身作则，才能起到更好的教育和激励作用。也就是说"按照我说的去做"是管理的下策，"按照我做的去做"才是上策。

对于很多公司来说，中层管理者的榜样作用是非常大的，能够起到员工领会公司文化与价值观的接触点的作用，管理者本身的工作能力、行为和思维方式，甚至是喜好等个人"标签"，都会对其下属员工产生莫大的影响。

所以，中层管理者一定要做好下属员工的"标杆"作用。要想管好自己的下属员工，就必须"行"胜于"言"，即做事情时事事为先，并严格要求自己。一旦管理者在员工的心中树立起威望，整个团队就会上下同心，并极大地提高团队的整体战斗力，管理效果也将事半功倍。

第二次世界大战期间，美国著名的巴顿将军就是可以作为"榜样"的管理者。

1944年6月6日，以美国为首的盟军开始在法国的诺曼底登陆，自此开辟了欧洲的第二战场。但在登陆后进展却非常不顺，此时，巴顿将军临危接任了美国第三军军长。

随后，巴顿用他独特的风格和几近疯狂的推进速度，迅速横扫了法国北部，并一举解放了巴黎，其率领的先头部队已经越过了莱茵河，开进了德国境内。

但希特勒绝不会甘心失败，他为了挽回败局，于1944年12月的圣诞节前夕，孤注一掷地集中了德国的全部后备军，使用了大量的德国坦克部队发起了一次楔形突击，随后迅速突破了盟军的防线，盟军顿时陷入不利的处境。

于是盟军为了彻底粉碎德军的反击，命令美国的101空降师迅速空降至交通枢纽——比利时的巴斯托涅，以阻击德军的疯狂进攻。但这里远离后方，并且时值寒冬，天气恶劣，导致补给出现了严重不足，结果101空降师的1.8万名官兵被德军重重包围，时刻面临着被全歼的险境。

此时的巴顿，正在向德国境内的纵深推进，他突然收到了迅速回援巴斯托涅的命令。巴顿立即指挥大军回援。但1944年的圣诞节，正值大雪纷飞、雪野茫茫。为了救援兄弟部队，巴顿用自己的魅力，带头在没膝的雪地里艰难行进。最终巴顿率领的第三军的兵士们，仍以常人难以相信的速度迅速回援。

第二天晚上，巴顿在宿营后收到了最新消息：德军已经增援了巴斯托涅，而天气预报显示，明天继续有雪。为此，第三军的大多数军官主张停止前进，静待天气好转以后再行军。但巴顿却不同意，他吼叫着："为了101师，我们绝对不能停止前进，一分钟也不行！"

就这样，巴顿亲自作为先锋部队迅速前进，他们很快抵达了巴斯托涅，并在盟军优势空军的支援下，一举摧毁了德军防线，解救了被围困多日、几乎弹尽粮绝的101空降师。随即，巴顿率领的第三军乘胜追击，消灭了大量的德国法西斯军队，并创造了美国军事史上的神话。

巴顿将军还有一句名言："战争中的真理是这样的：士兵什么也不是，将领却是一切。"其实，隐藏在这句话背后的深意是：士兵的状态完全取决于将领的状态；而将领所能展示出来的形象，就是士兵学习的榜样！

实际上，这个道理不仅适用于军队，企业甚至是其他任何一个组织都很适用。凡是管理者能够带领团队取得成功，那么他就一定是一个以身作则、行胜于言的领导者。

激励员工前，先要激励自己

> 如果管理者不懂得激励自己，那么他就很难激励员工。一个优秀的管理者应该懂得"激励员工前，首先要激励自己"的道理。这样管理者才能时刻鞭策自己，注意自己的一言一行，真正起到为人表率的作用。

中国有句古话叫："千军易得，一将难求。"适用到企业管理上，就是说明一个好的管理者的重要性。只有管理者具有良好的素质，才能更有效地领导员工。

◎ 管理者应具备沉稳的工作作风

"嘴上没毛，办事不牢"，常常用来形容年轻人为人轻浮、做事草率，如果管理者也是如此，给人一种办事不够稳重、成熟、处理问题轻率的形象，那么就很难赢得下属员工的尊重，也很难得到他们的支持和信赖。

因此，作为管理者要始终保持一种从容不迫的心态，那么即使面对突遭变故或面临很多复杂局面时，也能够做到应对自如、绝不慌乱，就能够给下属员工起到表率的作用，并迅速稳住大局。

公元383年八月，前秦皇帝苻坚亲率大军87万自长安出发，分水陆两军浩浩荡荡向东晋进发。

消息传到了东晋的都城建康，晋孝武帝满朝的文武百官慌了，他们都盼望宰相谢安拿主意。谢安的侄子谢玄是个军事人才，他训练了一支百战百胜的军队，名叫"北府兵"。

为了应对苻坚的百万大军，谢安决定自己亲自坐镇建康，并派弟弟谢石担任征讨大都督，而谢玄担任前锋都督，一共组织了八万军队前往江北，来抗击前秦的军队。

谢玄手下的北府兵尽管十分勇猛，但毕竟人数不多，还不到一万人，而前秦的兵力要多得多。对此，谢玄心里没有底，所以有点紧张。在出发前，谢玄特意来到谢安家道别，请示谢安怎么打这一场硬仗。

谁知谢玄见到谢安后，他就像没事儿一样，只是轻描淡写地对他说："不用着急，我自有安排。"

谢玄回到家里后，还是感觉很不踏实。过了一天，谢玄又请朋友张玄去看谢安，托他问一下。谢安一见张玄就知道其来意，但谢安根本不与他谈什么军事，反而邀请他来到山里的一座别墅。

随后，谢安请张玄一起下棋，还开玩笑说要赌一座别墅。张玄平常跟谢安下棋总是赢的，但这一次，张玄下棋根本没有心思，结果输了。

等下完了棋，谢安又与大家一起游山玩水，直到天黑才回家。随后，谢安把谢石和谢玄等将领一一召到家里，最后把每个人的任务全都交代清楚。大家一见谢安如此镇定自若、信心十足，也都增强了御敌的信心，然后就高高兴兴地回到军营去了。

此时，位于东边的大将桓冲见形势紧急，就抽出了三千精兵来到建康保卫京城。但谢安却拒绝了他们。

桓冲听说后非常担心。他说："虽然谢公的气度令人非常钦佩，但他却如此悠闲自在。我们的兵力那么少，指挥的将领又是一些没有经验的年轻人。我看东晋要亡国了。"

在谢安镇定自若的指挥下，强大的前秦军队被东晋打败了。当捷报传到谢安的手中时，他正与客人下棋。他只是简单地看了看，就随手把它扔到一边，面不改色地继续与客人下棋。

客人问道："战局如何？"谢安轻描淡写地回答说："孩子们把敌人打败了。"直到与客人下完棋，谢安才回到了内室。

谢安的镇定自若、大将风度令人佩服，这其实是管理者应该具备的素质。俗话说"岁不寒无以知松柏"，管理者只有在大风大浪中保持大将风度，才能让手下员工从内心深处敬佩管理者，进而产生强大的团队凝聚力。

◎管理者应成为员工的典范

如果希望员工努力工作，自己先得做出个样子来。也就是成为他们的典范或者学习的楷模。甚至可以说，有什么样的管理者，就会有什么样的企业行为方式。

国际电报电话公司的总裁赫拉尔德·格尼恩，就是一位兢兢业业做事、甘当员工典范的管理者。赫拉尔德·格尼恩每天工作12~16小时，为了公司业务，他总是往返于美国与欧洲之间。即便是在周末，他依然会把一个巨大的公文包带回家，里面装满了很多准备翻阅的文件。

为此，赫拉尔德·格尼恩这样说："我每天都会辛勤、努力地工作，是为了把自己的工作做得尽善尽美，让自己对自己的工作感到满意。在无形中，我还能为其他员工树立一个学习的榜样，或者是一个诚实可靠的典范。同时，员工们还会认为我能从高高在上的管理层走下来，与他们打成一片，也就是说，我的工作表现为国际电报电话公司的所有员工树立了一个标准。"

管理者不仅能够组织、引导员工，更重要的是能给员工做出示范。如果管理者吃苦在前、享受在后，其下属员工也会甘于奉献；但如果管理者平时总是拖拖拉拉，那么其下属员工也会变得散漫。

因此，管理者如果不声不响地努力工作，并成为员工的榜样，那么员工就会跟随效仿，也会被感化，这是一种潜移默化的激励方法，也是最佳的管理方法。

【名企激励案例】重铸东芝辉煌的土光敏夫

土光敏夫是一位受人尊敬的企业家，在日本企业界，他的威望极高，原因就在于土光敏夫挽救了多家包括东芝在内的大型企业。而他的法宝，就是身先士卒、以身作则，做好员工的榜样，而且还发自内心地关心员工，尤其是最底层的员工。

◎最让员工感动的社长

1965年，68岁的土光敏夫正式出任东芝株式会社社长。此后，土光敏夫与下属同甘苦、共患难，并最终改变了困境中的东芝公司的命运。

土光敏夫刚刚上任，就立即改变之前公司管理者总是高高在上，每天舒舒服服坐在办公室里指挥管理员工的做法，而是亲自下去巡视东芝公司的工厂、车间，在很短的时间内，就走遍了东芝设在日本全国各地的分公司。

那些远离东芝公司总部的工厂员工，一看到土光敏夫就非常激动，他们都说："东芝公司成立这么多年以来，历任的社长全都没有来过，今天我们能够见到社长，心情实在是太高兴了！"

在基层，土光敏夫与这些来自一线的员工聊天，一起吃饭，了解他们对于公司发展有哪些想法，并鼓励他们提出各种合理化的建议，并且公司将给予他们奖励。另外，土光敏夫还把自己设在东芝公司总部的办公室，对公司所有的员工开放。

土光敏夫与员工不断培养出的密切关系，大大提高了他在公司员工中的威望。因此，土光敏夫的领导力也自然得到了升华。

土光敏夫在70多岁时，还不断地巡视东芝在全国各地的分公司，甚至是在夜间乘坐火车亲临企业的现场进行考察。即便是在星期天，土光敏夫也会去工厂转一转，同那些保安和值班人员亲切地交谈，使得土光敏夫与下属员工之间建立了深厚的感情。

为此，土光敏夫曾说："我非常喜欢与下属员工交往的原因是，我可以从中听到很多非常有创造性的建议，这让我受益匪浅。"

有一次，土光敏夫前往东芝的一家工厂，但途中碰巧遇上倾盆大雨。等到土光敏夫来到工厂时，他站在倾盆大雨中对员工们讲话，并激励大家"人是最宝贵的"。员工们听后非常感动，纷纷围住土光敏夫，并流下了激动的泪水。此情此景，让很多员工终生难忘。

等到衣服早已湿透的土光敏夫准备乘车离去时，这些激动的员工全都向他高声喊道："社长，您要保重身体，我们一定会拼命工作的！"

看到这些激动的员工们，土光敏夫不禁泪流满面，他也被员工们的真诚打动了，而正是由于土光敏夫的亲力亲为，使得东芝公司的凝聚力大大加强，而土光敏夫也被员工们誉为"最令他感动的社长"。

◎以身作则的领导最具说服力

作为东芝公司的掌门人，土光敏夫总是要比员工付出更多的努力和心血，并以身作则、亲自示范，以激励员工的士气。

比如，土光敏夫自上任以后，立即提出：普通员工要比之前多用三倍的脑，董事要多用十倍，而土光敏夫本人则有过之而无不及。

土光敏夫的口头禅是"以身作则的领导，最具说服力"。为此，土光敏夫每天都会提前半小时上班，并空出上午7:30～8:30的一个小时，来欢迎公司的员工与他一起群策群力，共同探讨公司存在的各种问题。

土光敏夫为了杜绝公司浪费极为严重的情况，就借助一次参观的机会，给之前浪费严重的东芝董事们好好地上了一课。

有一天，一位董事准备参观、学习一艘名叫"出光丸"巨型油轮。因为土光敏夫对这艘油轮非常熟悉，于是就事先说好由他给董事带路。

那一天恰好是假日，他们相约在一座车站的门口会合。土光敏夫是准时到达的，而董事乘坐东芝公司的专车随后也赶到了。

董事见到了土光敏夫，他抱歉地说道："社长先生，不好意思，让您等了！请让我搭您的车去参观油轮吧！"董事还以为土光敏夫同他一样，也是乘公司的专车来的。

可是土光敏夫却面无表情地说："我并没有乘公司的轿车，我们还是去搭电车吧！"董事一听，他当场愣住了，很快就羞愧得无地自容。

原来，土光敏夫为了杜绝公司浪费严重的情况，就以身作则地搭乘电车，给这一位铺张浪费的董事好好地上了一课。

很快，这件事就传遍了整个公司，东芝公司的所有员工全都心生警惕，此后再也不敢随便浪费公司的财物了。就是因为土光敏夫能够以身作则、尽心尽力，使得东芝公司的发展状况逐渐好转。

土光敏夫能够以身作则、亲力亲为，并赢得了公司董事和员工们的信赖。所以说，企业管理者的思想高度，往往会决定企业和员工发展的高度。而且像土光敏夫这样的管理者，用自己的赤诚之心为员工真心付出，那么员工也会回报他更多。

此外，管理者的工作习惯以及自我约束力，就是员工们的榜样，并对员工产生非常重要的影响。如果管理者能够做到按时上班，在工作时间不涉及自己的一些私人事务，对工作尽职尽责，员工就自然会以他为榜样，那么他在管理下属员工的过程中，就会事半功倍。

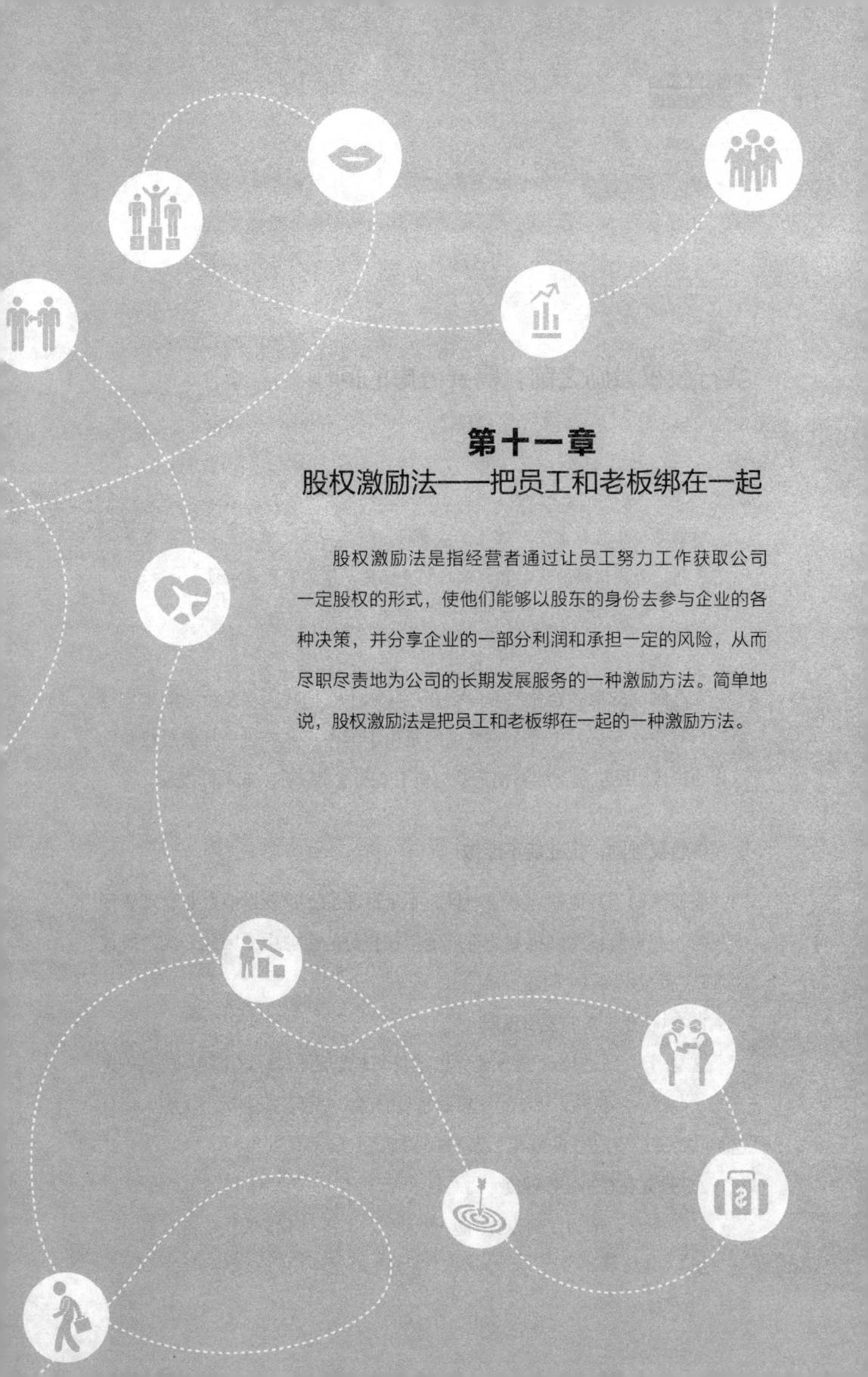

第十一章
股权激励法——把员工和老板绑在一起

股权激励法是指经营者通过让员工努力工作获取公司一定股权的形式，使他们能够以股东的身份去参与企业的各种决策，并分享企业的一部分利润和承担一定的风险，从而尽职尽责地为公司的长期发展服务的一种激励方法。简单地说，股权激励法是把员工和老板绑在一起的一种激励方法。

实行股权激励之前，需要考虑的问题

> 如果把企业发展比作一场马拉松赛跑，那么需要"长效"才能取得最后的胜利，而股权激励就是有长效的管理机制，值得管理者学习。

发达国家的很多企业的寿命都在百年以上，而我国很多企业的平均寿命却只有7~8年，其中一个重要原因是由于国内企业缺少一种像股权激励这样的长效激励机制，能够把企业与员工的利益捆绑在一起共同发展。

◎股权激励，企业能不能做

股权激励与其他管理方法一样，不是万能的，这就需要企业管理者仔细思考，究竟股权激励机制能不能运用在自己的企业中。因此，实行股权激励时应考虑以下4个问题：

1. 对企业未来的发展预期

这是因为，股权激励应该建立在企业未来发展非常好这个预期的基础之上的。否则，企业未来几年的发展很悲观的话，拿什么来激励员工呢？而且这种激励就会变成空头支票，没有任何实际意义。

2. 劳资双方的信任程度

一个企业无论制度的设计有多么优秀，这些都不能取代劳资双方之间的信任关系。尤其是股权激励这种合作协议，关系到双方的切身利益，如果缺少相互信任这个前提条件，即便是勉强引入股权激励，未来也可能会出现很多变数。

3. 管理团队的能力

很多人认为，给员工的股权激励是"有福同享"，其实更准确的说法是"论功行赏"。管理团队必须要有承担"老板"责任的能力，或者说是比老板做得更好的能力，才能享受到股权激励的好处。但如果管理团队能力不足，也是可以用心培养的，因此，对其股权激励也可以设计成循序渐进式的。不过，如果管理团队的能力普遍较低，并且也没有人能够担当领军人物，那么股权激励就需要更加谨慎。

4. 薪酬的公平性

企业内部的薪酬问题没有做好，会牵涉各个岗位、绩效等问题，这在企业的管理体系上是一个很大的漏洞。这也属于管理基础的问题，如果基础都没有打好就实施股权激励，对一个企业来说，只是在添乱。

晋商是最早实行股权激励的，在乔致庸当大掌柜的时期，他把股权激励继续发扬光大。在当时，票号的股份有银股和身股这两种方式，而身股可分给掌柜等重要职位，可参与票号的分红。

在那时票号中的伙计是没有身股的，这导致了很多非常优秀、能干的伙计纷纷辞职，导致人才流失的现象非常严重，只是没有人在意这件事情。伙计离职的根本原因是待遇太低，地位低下，这些因素都限制了伙计工作的积极性。

为了遏制优秀的伙计离职的情况继续发生，乔致庸决定改变现状。他规定，各号的伙计自出师以后，即可顶一份身股，身股由一厘开始算起，之后的伙计的身股由东家和掌柜共同来决定是否添加。

那时候的一厘身股最高可达到120两银子，而伙计的年薪只有20两。乔致庸用身股把伙计的个人收益与票号的收益紧密联系起来，因此，这对伙计的激励作用十分明显。从此以后，乔家的票号——大德通发展迅速，并成为全国第一大票号。

实际上，身股就是股权激励的早期雏形，只不过乔致庸把之前掌柜们才有的身股，变成了连同最底层伙计在内的"全员股权激励"，这极大地刺激了乔家票号的发展。

◎如何实施股权激励，才能达到预期效果

股权激励是激发管理者的一种有效的手段，但要想使其效果达到理想的状态，企业还应该注意实施的技巧和方法，一般来说，需要注意以下问题。

1. 选对合适的激励对象

如何选择股权激励对象呢？一方面，激励对象能力的高低是一个非常重要的因素。任何企业都需要人才，尤其是企业发展过程中所欠缺的短板型人才，他们需要企业通过高成本的股权激励的方式获得，反过来人才也能够为企业带来更大的利益。另一方面，激励对象能否认同企业未来的发展以及是否与企业现有的股东相匹配等方面也是重要的因素。否则，选择这样的人才就会给企业造成很大的隐患。

某企业聘请了一位著名的职业经理人，并授予其10%的股份。但在该经理人主管公司后，现有股东却发现与其经营思路存在着很大的差异，双方之间的矛盾由此产生。在经过长时间的磨合后，矛盾仍未能解决，而且企业的发展也没能取得预期的效果。最终该经理人选择退出，但企业却为此支付了高昂的赎回成本，并对企业的经营造成了很大的影响。

这个案例充分说明了企业选择合适的激励对象是非常重要的，否则就会给企业造成非常大的隐患，甚至导致严重的经济损失。

2. 选对合适的股权激励方式

股权激励的方式有很多种，如期权、期股、实股、虚拟股权等；受让的方式也有很多，比如现金购买、折价购买、分红购买等。因此，企业要根据具体情况来具体选择。如果是高级人才但不是核心人才，就可以采用虚拟股权的方式；而对于企业的核心人才来说，可以让他以现金全价的方式来购买公司的实股，使其与企业绑在一起。

3. 分批、分阶段授予激励对象

我们不要太过于相信"一见钟情"，这毕竟是小概率事件。股权授予也是如此，可以分批、分阶段授予激励对象。这样，就能够给企业和人才一个长时间的考量，也是一个不断磨合的过程。

4. 必须与业绩挂钩

股权激励，必须要与激励对象的业绩挂钩，即拿业绩来说话，这样激励对象才能心安理得地接受奖励。

5. 明确股权激励的时间限定

明确股权激励的时间限定，这是一个非常重要的环节，如果时间限定过于宽松或不明确的话，就很不合理。这会让双方之间对未来的预期变得十分模糊、随意，进而导致在绩效、付出和收益等方面难以实现平衡。

6. 对激励对象股权的退出做出合理安排

俗话说："没有永远的朋友，只有永远的利益。"这句话也可以理解为"在不同的阶段，团结不同的朋友"。因此，企业必须对激励对象的退出方式提前给出一个比较合理的安排。如果激励对象达到了预期的业绩，其正常退出可适当宽松一些；而如果没有达到预期时的非正常退出，则必须要对违约一方进行一些适度的扣罚。

把"让员工干"变成"员工自己要干"

> 很多公司都存在着这样的问题,管理者对员工管得越多,员工就越没有动力,结果越管越乱。而股权激励可以让员工成为公司的"老板",这样员工就能自发地管理自己,把管理者的"让员工干"变成"员工自己要干"。

要想彻底激发员工的动力,就必须要让员工看到未来和希望,更重要的是让他们看到实实在在的东西——股权。管理者的股权激励,不但能够培养一些优秀的员工为企业全心全意地工作,而且还能让企业走上高速发展的道路,这何乐而不为呢?

◎实行股权激励的优点

股权激励能够有效地让员工干变成员工自己要干,可见其优点是显而易见的,那么,其优势具体表现在哪些方面呢?

1. 端正员工心态,提高团队的凝聚力与战斗力

企业一旦实行股权激励,那么从员工到股东,再从代理人到企业的合伙人,全都出现了身份的转变,而这种转变一定会带来员工在工作心态方面的改变。他们感觉之前只是在为老板或股东打工,但如今自己也变成了股东。即身份的转变会带来工作心态的改变,使得员工比以前更加关心企业的经

营、发展状况，也会竭尽全力来抵制所有损害企业利益的不良行为。

2. 规避短期行为，维持企业发展的长期战略

管理学家认为，很多人才的流失是由于"缺乏安全感"，让一些员工，尤其是对企业非常重要的员工，为了短期利益而频繁跳槽，这会损害企业发展的长期利益。而随着企业与员工签署股权激励，把双方的利益绑在一起，就能够保持企业长期发展战略的连贯性。

3. 吸引外来优秀人才，为企业输送新鲜血液

通过股权激励可以不断为企业吸引外来优秀人才。这是因为，对于这些优秀人才来说，他们不仅会在意固定工资的高低，而且也会在意所拥有的股权或期权的数量及价值，因为这也是一种身份的象征，也是对其内在价值的肯定。

4. 降低成本支出，为企业储备能量

当金融危机等"寒冬"来临之时，企业对于支出现金就会显得十分谨慎，很多企业的现金流也会捉襟见肘。通过股权激励则可以替代企业支付一部分的固定薪酬，这将大大降低企业的经营成本，为企业能够渡过"寒冬"而储备足够的能量，并实现企业和员工之间的双赢。

随着2014年阿里巴巴在纽交所的上市，阿里巴巴集团董事局执行副主席蔡崇信在2015年福布斯华人富豪排行榜中，以59亿美元（折合376亿人民币）的身价名列第38位。但令人吃惊的是，作为外资投行高管的蔡崇信，在当年决定加入阿里巴巴时，竟然放弃了70万美元的年薪，而愿意领着500元的月薪，这让家人十分不解。

蔡崇信却义无反顾地加入了马云的团队，除了欣赏马云的个性外，真正打动蔡崇信的是，马云还有始终追随他并与他患难与共的18位员工。因为蔡崇信相信，马云能把这一群人聚集在一起，肯定也有能力做成一番事业。随后，蔡崇信帮助马云组建公司。

于是，他问马云，哪些人将成为股东，马云很快就给了他名单，屋里的所有人都是股东。马云把公司的很大一部分股权都给了这个创业团队，而给他的最多，这让蔡崇信非常惊讶。因为按照惯例，创始人会占有更多的股份，并对公司拥有绝对的掌控权。但马云不是，这让蔡崇信感觉，自己既跟对了人，也没有白白为其付出。

随后，通晓财务、法律并作为外资投行高管的蔡崇信，亲自为阿里巴巴操盘了3次极为重要的引资。

2000年，蔡、马二人前往日本软银，接受了孙正义的2000万美元投资，由此阿里巴巴躲过了因互联网破灭而带来的最寒冷的冬天。

2004和2005年，蔡崇信再助马云筹资8200万美元，并与雅虎中国合并，让阿里巴巴能够拥有充足的资源来建构淘宝网，并在随后坐稳了中国第一大电子商务的宝座。

2014年，蔡崇信引领阿里巴巴在纽交所上市，并创造了史上最大的IPO，蔡崇信虽然只持有2.9%的股份，但价值却高达45亿美元。

这个案例告诉我们，股权激励不仅可以吸引像蔡崇信这样的人才，还可以留住始终与马云患难与共的18罗汉，由此可见，股权激励的重要性。

◎股权激励的模式有哪些

大多数企业都知道股权激励对人才管理的重要性，但除了大企业之外，真正实施的比较少。如果企业管理者想运用股权来激励员工，就应该对其模式有所了解，总的来讲，其可分为以下几种。

1. 业绩股票

业绩股票指的是，公司在年初确定一个比较合理的业绩目标，如果激励对象在年末时能够实现预期目标，那么公司可以授予激励对象一些股票或者提前将公司的奖励基金为其购买股票。但应注意的是，这种业绩股票的流通和变现，必须有一定的时间和数量的限制。

2. 股票期权

股票期权指的是，公司授予激励对象的一种权利，激励对象可在事先规定好的期限内，以事先确定好的价格来购买一定数量的流通股票。同样，股票期权的变现也会有时间和数量的限制。但在我国的一些上市公司中，应用的虚拟股票期权是虚拟股票与股票期权的结合体，即公司授予激励对象的是一种虚拟的股票认购权，激励对象在行权后得到的是虚拟股票。

3. 虚拟股票

虚拟股票指的是，公司授予激励对象一种虚拟的股票，激励对象可以享受公司的分红权和股价升值的收益，但所有权、表决权都没有，也不能进行转让和出售，并且在离开企业时就会自动失效。

4. 股票增值权

股票增值权指的是，公司授予激励对象的一种权利，如果公司的股价在规定的一个阶段出现上升，那么激励对象即可通过行权来获得股价升值所带来的收益，并且激励对象不需要为行权付出现金，即可在行权后取得现金或等值的公司股票。

5. 限制性股票

限制性股票指的是，给激励对象事先授予一定数量的公司股票，但只有当激励对象能够完成公司的一些特定目标（比如把公司业绩扭亏为盈等）后，激励对象才能够抛售这些限制性股票，并可以从中获益。

6. 延期支付

延期支付指的是，公司为激励对象而设计的股权激励收入，但股权激励的收入不是在当年就能够发放，而是按照公司股票公平市价折算成的股票数量，并在一定的期限之后，以公司股票的形式或者按照届时股票市值以现金的方式支付给激励对象。

7. 经营者或员工持股

经营者或员工持股指的是，让激励对象持有一定数量的本公司股票，并且股票是公司无偿赠给激励对象的，或是公司补贴激励对象购买的，或是激励对象自行出资购买的。但激励对象只能在股票升值时受益，在股票贬值时遭到损失。

8. 管理层或员工收购

管理层或员工收购指的是，公司管理层或全体员工利用杠杆融资而购买的本公司股份，并成为公司的股东，以及与其他股东一起承担风险和享受利益，从而可以改变公司的股权结构、控制权结构以及资产结构，实现共同持股经营。

9. 账面价值增值权

账面价值增值权，分为购买型和虚拟型这两种方式。购买型指的是激励对象在期初按照每股净资产值来实际购买一定数量的公司股份，但在期末再按照每股净资产期的末值回售给公司；虚拟型指的是激励对象在期初不需要支出资金，由公司授予激励对象一定数量的名义股份，在期末再根据公司每股净资产的增量以及名义股份的数量，来计算激励对象的具体收益，并据此来向激励对象支付现金。

股权激励的本质及其关键点

> 股权激励具有延迟支付的功能,可以大大缓解企业的资金压力,降低企业以现金支出所带来的成本压力。换句话说,股权激励就是用明天的钱来激励今天的员工,使其能够更好地为企业的现在以及未来的发展服务。

美国企业的股权激励非常普遍,是企业送给员工的一项福利,很多企业甚至全员持股。股权激励作为一种长效的激励工具,其迸发的持续激情远非工资与奖金等短期激励所能比拟的。因此,企业应对其本质和关键点有所了解。

◎股权激励的本质

目前,股权激励在我国还是一种"稀缺品",其宗旨是着眼于企业未来的发展,因此,股权激励必须要在企业内长期实行。其本质有以下几点:

1. 是增量而不是存量

股权激励本身是要鼓励公司员工把企业的业绩做大,也就是做"增量"业绩,然后再通过设置一定的业绩目标,来激励"激励对象"为公司创造出更大的价值,最后再从中分给激励对象一部分利润。因此,股权激励应先有贡献,再有激励,即分的是增量而不是存量。

2. 具有约束性

我们知道激励方式有很多种，但只有股权激励是既有激励性又有约束性的。这是因为，对于激励对象来说，即便是通过努力得到了股份，也会有很多其他限制条件来约束其不良行为，如果激励对象没有很好地约束自己的行为，即便是得到的股权也会失去。

3. 建立利益共同体

通过股权激励，能够让员工与老板之间建立起一个未来的利益共同体。只有当老板与员工未来的利益一致时，员工才会与老板一样关心公司的发展状况，并与老板共同创造未来，也就是享受未来的成果，并承担相应的风险。能把这种远期利益统一起来的激励方式，只有股权激励。

4. 唤醒员工的主人翁意识

企业把一部分股份分给员工，员工的身份立刻就从员工转变为股东，这让员工有了非常强的参与管理、发表建议的意识。换句话说，员工具有了"主人翁意识"。员工通过这种意识的培养，练就了一批非常优秀的管理团队以及核心团队。

5. 培养员工的独立人格

通过对员工实行股权激励，让其成为企业的主人，能够使员工拥有强烈的参与意识，培养其独立人格。这样企业老板与员工之间的相处就会更加平等，相互之间也会更加信赖，进而让企业的运转变得更加和谐。

◎股权激励方案的几个关键点

股权激励几乎是每一个现代化企业的必经之路，如果企业打算把股权纳入激励计划，就必须注意以下几个关键点：

1. 确定激励对象的范围

对于如何确定激励对象的范围，应从人力资本的附加值、所做的历史贡献和难以取代程度这三个方面来确定企业激励对象的范围。

（1）人力资本附加值。激励对象首先应该从能够对公司未来的可持续发展产生重大影响的人员入手，即具有人力资本附加值，因为股权激励的根本就是着眼于公司的未来。

（2）历史贡献。尊重对公司做出历史贡献的员工，就是避免公司内部出现争议或风波的基础。

（3）难以取代程度。如果激励对象掌握了公司的核心商业机密，或者是拥有公司专有技术的特殊人才，就是公司难以取代的人才，同样是需要激励的对象。

2. 确定激励的力度

对于激励员工的力度，应该结合公司的业绩以及个人能力等实现情况来综合评定。为此，公司可以引入股权激励的考核机制，通常分为公司绩效、部门绩效和个人绩效这三个层面。对于级别高的员工，可强化对公司绩效的考核；对于级别低的员工，可强化对个人绩效的考核。

3. 通过激励层面来确定激励方式

对于确定激励的方式，应该结合人力资本附加值、敬业度和员工的出资意愿综合考虑。

4. 确定激励的标的物

股权激励能够调动员工积极性的原因是，激励对象可以通过自身努力工作，来影响激励成果的多少以及实现的概率。因此，给予员工以恰当的激励标的物，即可实现双赢。为了确定激励的标的物，应考虑以下几个因素：

（1）激励的标的物应与公司的价值增长保持一致。

（2）激励标的物的价值评定，必须要明确而且令人信服。

（3）激励标的物的数值，必须是员工通过自身的努力即可实现的。

（4）公开激励标的物时，不应泄露公司的财务机密，这对非上市公司来说十分重要。

5．确定激励周期

对于如何确定激励的周期，应综合企业的战略规划期、员工的心理预期和工作性质等方面来予以确定。如果想要产生一种长期的激励效用，就可以分阶段来推进股权激励，以确保员工的工作激情可以得到延续。

6．明确、细化退出机制

为了避免产生一些不必要的法律纠纷，在实行股权激励方案前要事先细化和明确有关退出的机制。

此外，当企业与激励对象之间确定了股权激励方案以后，接下来就要签署股权授予协议。这标志着股权激励的正式实施，也是对双方权利与义务的明确界定。

【名企激励案例】华为公司的股权激励

华为，是一个以"狼性文化"著称的全球通信设备制造企业，其成功绝非偶然。总裁任正非也曾指出，华为能从2万元起家，并成长为拥有数十万员工、数百亿美元销售额的大公司，其中的员工持股计划发挥了巨大的作用。

华为公司的内部股权方案始于1990年，如今已经实施了4次大型的股权激励计划，即：创业初期、网络经济泡沫阶段、非典时期和全球金融危机时期。正是由于华为员工的持股计划，才使得华为能够渡过这几个阶段的难关。

◎创业初期的股票激励

在华为创业初期，公司不但需要拓展、扩大市场规模，而且还需要投入大量的科研费用，再加上当时的民营企业性质，导致出现了融资困难，华为出现的这些问题都急需大量的资金。为此，华为决定优先选择进行企业内部融资。

由于公司内部融资不需要支付融资利息，具有低财务风险的特点，而且也不需要向公司的外部股东支付比较高的回报率，同时，还能够激发员工努力工作。

于是在1990年，华为首先提出了进行公司内部融资、员工持股的概念。在当时，参股的价格是每股10元，并以税后利润的15%作为股权对员工进行分红。此时，华为员工的收入是由工资、奖金和股票分红这三部分组成的，但每一部分的金额几乎相当。

其中，公司的股票必须在员工进入公司一年以后方可购买，并按照员工的职位、季度绩效以及任职资格等方面的因素予以派发，通常用员工的年度奖金进行购买。如果是新员工，其年度奖金的数量不够派发股票额的话，公司就会帮助员工以银行贷款来购买公司股权。

采取这种方式融资，对于华为来说不但减少了公司现金流的风险，而且还增强了员工持股之后的归属感，进而将整个创业团队迅速稳定下来。

此后，华为公司的业务就逐渐走上了正轨，并且在这个阶段，华为公司实现了它的第一个战略目标——农村包围城市，把市场从农村逐渐拓展到中国的主要城市，而且就连海外市场也取得了很大的进展，销售额在2000年时达到了1亿美元。

◎ 网络经济泡沫后，华为的股权激励

随着2000年网络经济泡沫的逐渐显现，全球IT行业都受到了灾难性的影响，此时华为的融资已经开始出现空前的困难。直到2001年底，网络经济泡沫愈演愈烈，华为进入了公司发展史上的第一个冬天。

于是，华为痛定思痛，开始实行一种叫作"虚拟受限股"的期权改革。"虚拟受限股"也就是指虚拟股票，它是由公司为激励对象授予的一种虚拟形式的股票，激励对象虽然能够享受一定数量的分红权与股价升值权，但激励对象既没有所有权，也没有表决权，而且还不能转让与出售，一旦离开公司，就会自动失效。

随着虚拟股票的发行，华为公司的管理层一方面维护了企业的控制权，另一方面避免了由此带来的管理问题。

此外，华为公司还实行了三种新的股权激励政策：一是公司的新员工不再派发之前保持长期不变的一元一股的股票；二是公司老员工的股票，也将逐渐转化为期股的形式；三是员工从未来期权中获得收益的大部分，将不再是股权固定的分红，而是期股所带来的公司净资产的增值部分。

从实际效果来看，给员工期权要比给股票的方式更加合理。华为规定，员工按照公司的评价体系即可获得一定额度的期权，期权的行使期限是4年，每年能够兑现的额度是1/4。

华为公司从员工的固定股票分红，向"虚拟受限股"的改革，也就是华为的激励机制从"普惠"的原则逐渐向"重点激励"原则转变。

◎非典时期，开展自愿降薪运动

随着2003年春天的到来，令人恐惧的SARS病毒席卷了中国。这对于还没有挺过泡沫经济的华为来说，无疑是雪上加霜。公司的业务遭受重创，出口市场也由于同思科之间的官司而受到极大的影响。

于是，华为公司的内部开始号召公司中层以上的干部自愿提交"降薪申请"，并且管理层收购了部分员工的股份，以稳定员工队伍，使得大家齐心协力共同渡过难关。

为此，华为在2003年实施了员工配股，但配股的方式与之前相比差别很大，具体来说有以下几点：

（1）配股的额度非常大，已经接近员工现有股票的总和。

（2）兑现的方式不同，员工每年能够兑现的比例则不超过1/10。

（3）股权进一步向公司的核心层倾斜，骨干员工的配股额度远超过普通员工的额度。

此次配股，还规定锁定期为3年，即3年内不允许员工兑现。同时，华为也为员工购买公司的虚拟股权，采取相应的配套措施。那就是，员工本人只需要拿出15%的所需资金，其余资金全由公司承担，并以银行贷款的方式予以解决。

自从华为实行了这次股权激励的改革以后，公司的销售业绩与净利润迅猛增加。

◎金融危机时期到来后，华为的激励措施

伴随着2008年秋天的到来，由美国的次贷危机而引发的全球金融危机给世界经济造成了巨大的损失。

到了2008年年底，华为根据不利的经济形势，又推出了最新的股权激励措施，即实行新一轮的配股。在此次配股中，股票的价格是每股4.04元，年利率超过了6%，所有在华为工作时间一年以上的员工，都可以参与配股。

但这次配股属于"饱和配股"，也就是不同的工作级别，应匹配不同的持股量。对于公司的一些老员工，他们的持股大部分已达到上限，因此没有参与这次配股。但新员工的配股人数却大大增加，因此，这也被称为是对华为内部员工持股结构的一次大规模改造。

华为公司的历次股权激励说明，股权激励完全可以把员工与企业的未来发展密切结合在一起，进而形成一个良性循环。员工一旦获得股权，即可参与公司的分红，这大大激发了员工的工作热情，使得华为的员工能够始终保持"狼性"而奋力向前奔跑。

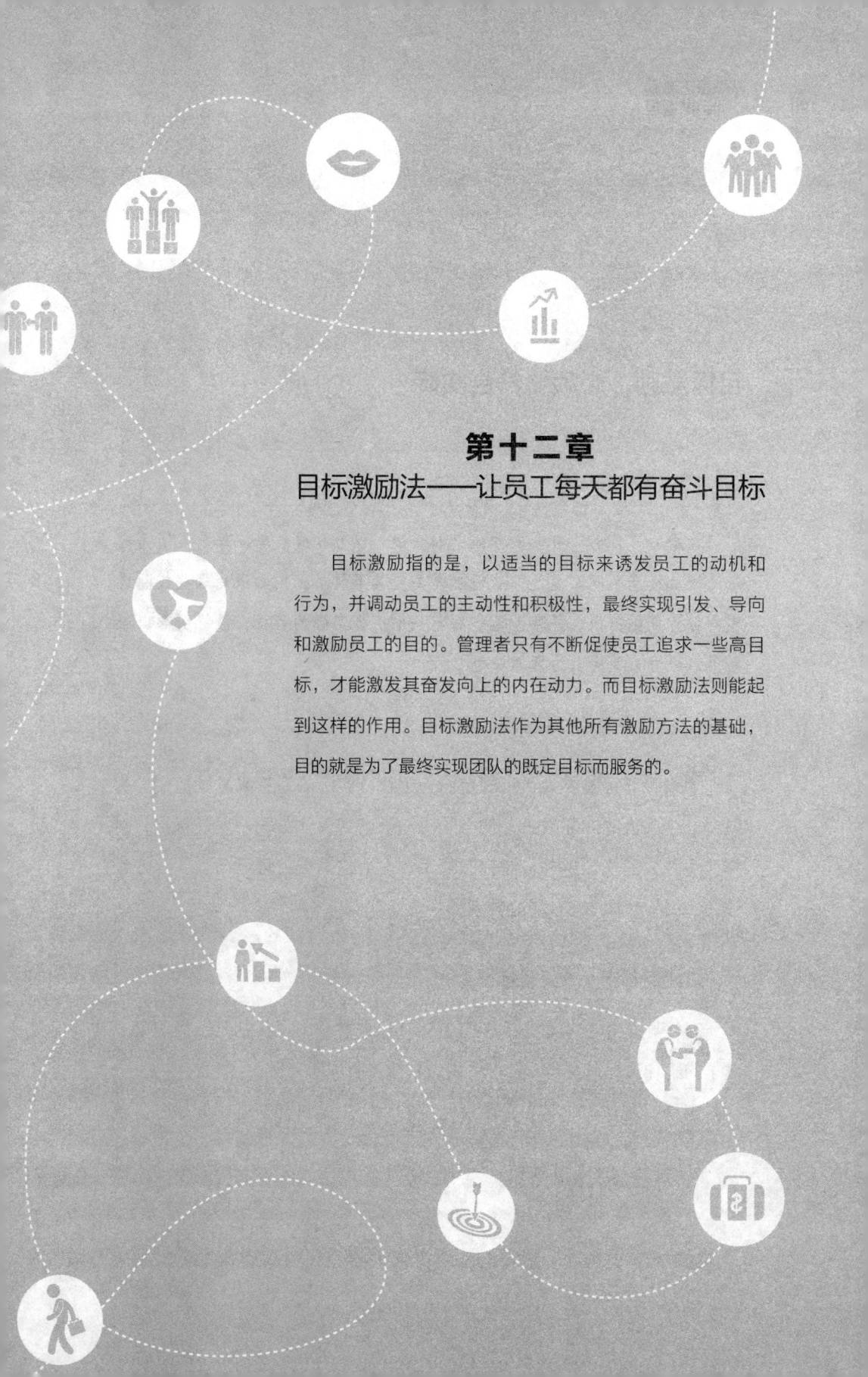

第十二章
目标激励法——让员工每天都有奋斗目标

目标激励指的是，以适当的目标来诱发员工的动机和行为，并调动员工的主动性和积极性，最终实现引发、导向和激励员工的目的。管理者只有不断促使员工追求一些高目标，才能激发其奋发向上的内在动力。而目标激励法则能起到这样的作用。目标激励法作为其他所有激励方法的基础，目的就是为了最终实现团队的既定目标而服务的。

目标激励，必须要符合实际

> 激励的"目标"有很多种，比如金钱、权力和成就等，每个人所需要激励的目标也不同。因此，管理者需要将其下属员工内心深处那些或隐或现的目标挖掘出来，并帮助他们制定一个符合实际的目标，最终引导、帮助员工努力实现他们的目标。

如果管理者能够为员工制定出一个符合实际的目标来激励他们，那么就会产生强大的实际效果，使得员工能够密切关注公司的发展状况，对工作产生强大的责任感并自觉地做好工作。但这需要管理者与员工双方相互信任，目标激励法才能更好地发挥其效能。

◎如何制定一个好目标

当一些企业在年底进行工作总结时，常常会出现年初时已经明确、制定了的工作目标以及年度工作计划，未能按照预期实现。

出现这种情况，其中一个最主要的原因，是目标在刚刚开始时，就没有制定好，甚至在制定目标时就注定不能实现。换句话说，企业虽然制定了目标，但这个目标不是一个好目标。

尽管每一个企业都希望制定的目标能够实现，并且也能够充分利用企业现有资源取得更好的发展，但在如何制定好目标上，却经常犯以下错误：

1. 老板将自己的目标当成企业的目标

这是一个常见的认识上的错误，如果老板把个人目标与企业的发展目标混在一起，就会出现下属员工很难执行或者执行不力的情况。这是因为，他们会感觉这是老板的目标而不是他们自己的目标。举例来说，一些老板为了满足不断扩大企业规模的虚荣心，总是不计成本地进行兼并、扩张，最后导致资金链断裂，这对企业的发展来说非常危险，也很难使员工与老板的目标保持"一致"。

2. 目标总是变来变去

目标总是变来变去，就像是一个移动靶一样，刚刚熟悉了位置和方向，结果很快又"跑偏"了，员工就需要不停地追寻管理者的目标。更有甚者，目标有点南辕北辙，或者就连提前做准备的时间都没有，那么又何谈实现目标呢？

3. 目标非常模糊

有的企业虽然有总体目标，但目标过于模糊，也就是没有具体的目标。例如，企业把明年销售收入的目标定在10个亿，但如何实现这个目标却没有具体规划，比如采购成本如何控制，销售费用如何投放等，这样就会导致这种"10个亿"的目标，只能是一种口号式的目标，不能具体指导企业的工作。

管理者在为员工安排任务时，必须要把任务的具体事项和目标明确，而员工只有在理解和明确行动目标后，才能更有效地完成目标。司马迁的父亲太史令司马谈，就是这样一位善于给"员工"规划目标的"管理者"。

汉朝时，太史令的职位是可以继承的。司马谈作为太史令，在司马迁很小的时候就教他学习各种古代文字，整理古代的书籍。

后来，司马谈在临终时对司马迁说："我身为皇家的史官，没有把那些英明的君主和忠心的大臣一一记录下来，使得后人不能了解从前那些精彩的历史，所以，这些年来我一直感到十分惭愧，而你，一定要继承我未完的事业，实现我的心愿啊！"

司马迁听后，流下了眼泪，他对父亲说："无论怎样，我都会竭尽全力完成您的心愿！"于是，在司马谈死后，司马迁继任了太史令，闲暇时，他就遵从父亲的遗愿，开始编写父亲未完的史书。

可是没过几年，司马迁就由于"李陵事件"而激怒了汉武帝，于是被施以宫刑。司马迁遭受了这么大的侮辱，他立刻想到了自杀。但他一想起父亲未完的遗愿，就停止了这个念头。

于是，司马迁想起了历史上很多著名人物都经受过的磨难：盖文王拘而演《周易》；仲尼厄而做《春秋》；屈原放逐，乃赋《离骚》；左丘失明，厥有《国语》；孙子膑脚，《兵法》修列；不韦迁蜀，世传《吕览》；韩非囚秦，才有《说难》《孤愤》。因此，司马迁为了完成父亲的遗愿，就毅然决定自己要"隐忍苟活"，最后他终于著成了《史记》。

其实，父亲为司马迁设立的宏大目标，才是他活下去的唯一动力，而这正是父亲对他目标激励的结果。作为企业，也应当设立这样的目标，才能让企业和员工实现更高、更远大的理想。

◎目标不但要定量，也要定性

很多企业的管理者只注重定量的目标，但定性目标的概念却非常模糊。实际上，企业的定性目标也是非常重要的。通常企业在制定目标时，既要制定一个定量目标，又要制定一个定性目标，这样的目标才是完整的，也才符合实际情况。

举例来说，像营销、生产等部门，可以制定出一个定量的目标，比如每年或者每个季度的任务是多少。但对于像行政部、财务部和人力资源等部门，却难以制定出一个定量目标。然而，这些部门又是不可或缺的，他们是为配合销售部和生产部存在的，而且这些部门的工作做得好不好，会直接影响到定量目标的完成。

因此，企业也需要为这些部门制定一个定性目标，可以用执行效率来衡量他们的目标完成情况。否则，企业到了年终总结时未能完成定量目标，很多部门就会为此争吵不休，难以达成共识。

即便是定量目标非常明确的销售部门，也会存在着像提高营销管理水平，规划员工的职业生涯，以及建设营销培训体系等定性目标，这些都是定量目标能否完成的重要因素。

此外，还应注意不要为了完成一个所谓的定量目标，而牺牲公司的定性目标。比如，销售经理为了拿到奖金，就必须要完成公司下达的5000万的销售目标。为此，他可能会透支公司的资源：比如，牺牲员工接受销售培训的时间，营销管理缺少标准化、流程化等，这不但造成了透支公司资源的后果，而且也在损害着公司的定性目标。

掌握制定目标的原则，发挥其激励作用

> 我们都知道，田径运动的训练非常枯燥，可一旦有了排名或追求胜利的目标，就能够激励无数人每天进行刻苦的训练。因此，人们只有在不断接近目标，实现或超越自我价值的过程中，才能获得一种成就和满足感，进而激励人们不断努力进取。

对于管理者来说，在带领团队时设定目标以激励员工是非常重要的，这需要认真地反复探讨，然后再确定一个合适的目标。但制定目标是有一定原则的，这样才能充分发挥其激励员工的作用。下面就为大家介绍一下制定目标应遵循的原则。

◎目标是可行的，而且可以测定

目标应具体、明确，而且能够实现，并且可以调控和测定。千万不要制定一些过于笼统的目标，导致就连将来是否完成了目标都分不清楚。比如，"我要成功""我希望变好"等目标，根本没有具体的结果，这样就不具备可操作性。

巨星史泰龙最初只是一个小角色，他虽然参演过一些小电影但并不成

功。不过，史泰龙没有安于现状。他花费了很多时间锻炼自己的肌肉，后来终于炼成超级壮实的身体。同时，他还用心撰写剧本，最终写出了一部非常优秀的电影剧本——《洛奇》。于是，他将目标设定为亲自主演自己的电影。

史泰龙拿着这部剧本到处兜售，寻找电影公司投资。可电影公司大都拒绝了他，只有一家愿意把整部剧本买断。可是这家公司却只买剧本不买人，不用他当主角，这和他的目标不符。

于是史泰龙断然拒绝了这家公司，因为他的目标是自己当主角，并在好莱坞一炮打响，成为天皇巨星。

凭着他对目标的坚定信心，他只有继续寻找买家。终于，皇天不负有心人，经过史泰龙的不懈努力，他终于如愿以偿当上了自己电影的主角，并由此奠定了他全球动作明星的地位，好莱坞也诞生了一位巨星。

我们从这个案例中看到，史泰龙的目标非常明确、具体，他愿意付出很多代价，并愿意为此冒险，来实现自己的目标。

通常来说，制定一个具体目标应包括下列三个必要条件：

（1）目标能够量化。真正的目标，是可以用数字进行量化的，而不能量化的目标只是一个想法。

（2）可以验证目标。不能够验证的目标，通常也就是无法实现的目标，这是没有任何意义的。

（3）必须给目标设定一个"期限"。给目标一个期限，也就具有了激励的"期限效果"，这样可以促进员工实现目标。

这三个条件缺一不可，否则都不能称其为"具体目标"。

◎把大目标细分成若干小目标

通常目标有大有小，其中大目标让我们感到工作有方向、有动力，能够增强我们的意志力；而小目标可以让我们感到工作具有其阶段性与合理性，从而降低实现目标的遥远或渺茫感，这可以加强我们的行动力和执行力。

也就是说，目标越大，就会激励人们变得更坚强且富有持久力；目标越小，就会使得我们变得更加勤奋和细心，进而逐渐积累经验、收获阶段性的成果，并在此基础上继续向下一个目标努力。这样的目标，才是真正可控的且容易实现的目标。

通常来说，实现大目标是一个比较复杂的过程，需要将其分解成若干个阶段性的小目标。这可以避免目标激励的作用减弱或不能持久，因此，我们通过几个阶段性的小目标来实现未来的大目标，即可起到有效激励的目的。

三国时期，有一年夏天曹操亲自率领大军讨伐张绣，但此时骄阳似火、酷热难耐，就连道路也被太阳晒得滚烫，士兵的衣服也全都湿透了。这导致行军速度降低了很多，有些士兵甚至由于中暑而晕倒在路边。

曹操一见行军速度越来越慢了，他担心会贻误战机，心里十分着急。于是他连忙叫来向导，低下头悄悄问他："水源距离这里还有多远？"向导一听，连忙摇摇头说："今年大旱，附近的河流早就干了，要想找到水源，还要绕道很远。"

曹操听后，他看了看前边的树林，沉思了片刻，就对向导说："你不要对别人说什么，让我来想想办法。"过了一会儿，曹操终于想出了一个办法。

只见曹操快马扬鞭，迅速来到队伍的前面，用马鞭一挥，然后指着前方说："向导刚刚告诉我，就在前面有一大片梅林，此时正是梅子成熟的季节，我们快点跑起来，只要绕过前面这个山丘，就可以到达梅林吃梅子了！"将士们听后，就好像已经把梅子吃到嘴里一样，口干舌燥的他们立刻生出了津液，于是将士们精神大振，行军速度立刻加快了许多。

在这个案例中，曹操为将士们制定的大目标是迅速抵达战场，但这个目标难以一下子实现，于是此时曹操给他们定下了小目标，那就是找到水源。此后，曹操又针对将士们的切实需求，采取了"望梅止渴"的策略，有效地调动了他们的积极性，并最大限度地激发了将士们的潜能。

◎目标应该灵活且具有挑战性

目标是比较容易制定的，但如果因为某种原因，比如发现目标制定得过高，或者是出现了很多之前没有预料到的客观情况，而导致不能实现目标，那么就需要对目标进行修正。既不要轻易地随便改变目标，也不要墨守成规，非得"死守目标"。

此外，目标的制定应该具有一定的挑战性。正是由于目标具有挑战性，才能充分激发自身的全部潜能，最后就能够积极地、想方设法地来完成。

乔丹在念高中时，被学校的篮球队退训，他回到家，自己一个人痛哭了整个下午。很多人受到这个打击后，可能就不会再打篮球了，但乔丹却没有这样做，反而将此挫折转化为前行的动力，并由此激起了乔丹不断向更高、更具有挑战性的目标迈进的决心，即只要第一，不要第二。

此后，乔丹在校队的教练克里夫顿·贺林的帮助下，每天清晨五点就开始进行非常密集的训练。他甚至每天还在学校的攀爬架上进行攀爬练习，这让他的身高长到了6英尺2英寸（1.88米）。勤奋、刻苦，再加上一个具有挑战性的目标，使得乔丹一步步成为全州、全美大学乃至NBA职业篮球史上最伟大的球员。

我们从这个案例中看到，被誉为"篮球之神"的乔丹，就是因为他对篮球有着一个充满挑战性的目标，即"只要第一，不要第二"。这不但为乔丹赢得了众多个人的无上荣誉，而且还为球队创造了辉煌的成就。

◎管理者如何制定切实的目标激励法

目标激励法是从长远的角度出发的激励，有利于保持员工长久的积极性，因此，管理者应切实做好目标激励法的贯彻实施，主要体现在以下几个方面：

1. 分解目标

管理者可以首先把年度目标分解成季度目标，再把季度目标分解成为月度目标，进而再分解成周目标、日目标。

2. 分配目标

管理者可以按照员工能力的高低，把每日（每周、每月）的目标进行依次分配。但值得注意的是，应当让每个员工觉得这个目标是可行的。而团队的季度和年度目标，需要管理者自己建立，不要让员工随便掌握。

3. 对比目标

当员工完成了目标以后，需要管理者做出对比，以检验目标的完成情况，并以此来激励员工。

此外，管理者还应建立员工的目标与其相对应的奖励方法，使得他们能够在工作中，时刻注意到实现目标与奖励是紧密联系的，这样就能够大大提高团队的凝聚力和战斗力。

团队凝聚力，来源于共同的目标

> 管理者只有让团队的目标保持一致，才能"心往一处想，劲往一处使"，并"拧成一股绳"，使得整个团队的成员更具有凝聚力和战斗力。否则，目标不一致的团队，工作效率将会非常低下。因此，凝聚力的形成，来源于团队共同的目标。

有一位管理学大师这样说道："如果在企业中始终存在着一个坚定的理念，就能够鼓舞、激励人心，进而凝聚着一群人，那么这个坚定的理念就是企业的共同目标，它是企业凝聚力、动力和创造力的源泉，并创造着企业的未来。"

◎管理者树立共同目标的作用

管理者应该把共同目标当成一种理念，虽然共同目标不是企业命运的指引，而是给其方向上的指引，但共同目标依然可以动员团队现有的资源和能力，激励员工创造企业的未来。那么，树立企业共同目标的作用有哪些呢？

1. 孕育团队成员的创造力

企业的共同目标就是企业所有成员发自内心的愿望，并形成一种同心力，因此，即可对团队的所有成员产生长期的激励。而且还有助于激励他们完成团队的一项重要任务、事业或者使命。因此，企业要想取得成功，就必须为自己所有的团队和员工制定一个可以追逐的共同目标。摩托罗拉公司就是这样由于追逐共同目标而成功的典型案例。

在美国有一个奖项声望极高，那就是美国国家质量奖，可以说，这个奖项象征着美国企业界能够获得的最高荣誉。而赢得美国国家质量奖的企业，必须是能够生产出全国最高质量产品的企业。

摩托罗拉为了赢得这个项奖，自1981年就开始加入了竞争企业的行列。为此，摩托罗拉首先派出了一个小组奔赴世界各地，考察、学习那些表现非常优异的制造企业，从中找出自己的不足，进而大幅度地降低公司在生产中的错误率，使得摩托罗拉公司产品的不合格品率降低了90%。

摩托罗拉公司没有止步于此，管理者为公司所有团队和员工重新设定了一个新的共同目标，那就是所生产的产品合格率要达到99.997%。这个目标激励了公司所有的员工，让他们不断地为了提升产品的合格率而努力。七年后，也就是1988年，摩托罗拉参加了由全国66家顶级制造公司竞争的美国国家质量奖，结果摩托罗拉以绝对的优势一举夺魁。

2. 激发团队成员强大的驱动力

企业的共同目标，可以引导团队成员一步步排除各种干扰，沿着正确的方向直至成功实现目标。这其中，还能够激发团队成员产生出一种强大的驱动力，并驱使他们产生追求这个共同目标的愿景，并最终转化成为一种发自内心的行为动力。

3. 创造团队未来发展的机会

企业的共同目标，是其团队所有成员发自内心想要实现的愿望，因此，这种具有未来特性的愿望，即可为企业的未来提供一个发展的机会。

◎给企业制定明确的发展目标

管理学大师松下幸之助曾说:"企业管理者的重大责任之一,就是要让你的员工拥有梦想,并成为其努力奋斗的目标。否则,管理者就没有资格领导和管理企业。"

由此可见,企业必须要制定出一个明确的发展目标,使得员工在思想上有了奋斗的方向,在工作上有了前进的动力,这样就能激发员工的潜力,提升他们的士气。

不过,企业有了目标之后,还必须要与员工进行有效的沟通,使员工能够明白自己所做的工作,对于实现企业目标所发挥的重要作用,并以此来激发员工的斗志,增强他们的责任感,进而就能够让员工与企业为了同一个目标而奋斗。

美国的联邦快递公司,是全球最大的快递公司之一。目前,在全球的任何角落,几乎都能够看到联邦快递公司员工的身影。但这家公司在创建之初,曾经遭受过极为严重的损失:每个月亏损100万美元,连续亏损了32个月。这让很多人都对它丧失了信心。

联邦快递公司的创始人——弗雷德·史密斯在面对不利的局面时,他始终没有放弃他的伟大梦想,那就是让每一个顾客邮寄的物品,在美国的任何一个城市中都能在24小时内送到,即在24小时之内实现"门到门"的服务。为此,弗雷德·史密斯充满自信地向联邦快递公司的所有员工宣布了他的两大目标:

(1)让所有的客户对联邦快递公司都能够达到100%的满意程度。

(2)让公司所有员工都能兑现100%的服务承诺。

弗雷德·史密斯的这两个明确的目标,很快就在员工之间产生了强大的工作动力,他们在公司明确目标的激励下,无不努力工作。

弗雷德·史密斯在管理上，经常让客户对员工的工作进行评估，以便及时、恰当地表彰优秀员工的业绩。其中，主要的奖励有：超出标准的员工卓越表现奖、给公司带来新客户的员工额外奖、员工贡献超出公司目标的团队奖、公司最佳工作表现奖等。

终于，联邦快递公司在经历了这一番快要破产的考验以后，实现了扭亏为盈，弗雷德·史密斯成功了，他用自己的宏伟梦想，战胜了连续32个月的亏损。联邦快递公司也逐渐发展成为全球最大的快递公司。

弗雷德·史密斯为了扭转联邦快递公司的不利局面，就为员工制定了两个明确的发展目标，并且以企业目标为导向。同时，还将员工的工作业绩以其为企业所做出的贡献来衡量。这样，就为员工指明了他们的工作方向，进而让企业逐步走入正轨。

【名企激励案例】娃哈哈：为员工"量身定制"发展目标

我们都非常清楚，质量是由人创造的。但只有拥有一流的人才队伍，才能创造出一流质量的产品。道理似乎人人都懂，但要想真正地落到实处，可不容易。

娃哈哈集团，成立于1987年，由创始人宗庆后带领两名已经退休的教师，以14万元借款起家，后来凭借一流的人才队伍，打造出了具有一流质量的产品，最终发展成为我国及至全球极具影响力的顶尖企业。

◎给员工定制职业发展目标

娃哈哈公司长期专注饮料行业，一个劳动密集型行业。其一线工人长期工作在一个十分枯燥、不断重复动作的劳动岗位上。员工的积极性不高，影响着产品的质量。面对这种情况，娃哈哈开始着眼于如何激发员工的积极性，以保障生产出既有质量又有创新的产品。

在娃哈哈公司成立的近三十年来，他们凭借着竞争与目标的双驱动激励机制，培养、塑造了一支"敢打硬仗、能打硬仗"的团队，为娃哈哈公司产品的质量与创新打下了非常坚实的基础。

娃哈哈公司对所有岗位体系进行全面、彻底地梳理与挖掘，然后按照各个职种归类的原则，整合外地员工、杭州员工、销售员工以及行政干部这4套岗位体系，并将其重构、拓展，最终建立了一个适合娃哈哈公司的人员结构，以及符合未来发展需要的职业目标体系。

在这个岗位体系中，包括了5类目标的发展模式，有管理、专业、技术工人、行政干部和营销。但在每类目标的发展模式中，按照其知识、技能水平的高低，以及承担责任的大小分成了若干等级，以构成员工职业发展的通道。

这样一来，员工的发展目标就实现了多元化，而不同专业类型的员工也能够做到平行发展。那些达到了更高任职资格标准的员工，既可以在自己的专业领域得到发展，也可以通过专门的培训转向自己比较感兴趣的领域，这就打破了公司之前"管理独木桥"的现象。

一旦为员工"量身定制"了发展目标，他们就有了前进的动力。因此，考核与激励员工就显得十分重要了。为此，娃哈哈公司专门制定了"按岗位、讲业绩、凭能力"的原则。具体来说，有以下几点：

1. 岗位价值评估

公司可以按照岗位评估的结果，来设计不同的岗位所对应的任职资格标准。举例来说，设备工程师是从专业的五级到专业主管，灌装机的操作维修工是从五级技工到一级技工，而理瓶机的操作维修工则是从操作工到五级技工。

2. 制定任职资格的标准通用定义

这是按照不同职位级别的角色定义与要求制定的，可以作为员工能力的总标尺，以及标准制定、修订和认证评审的统一指导框架。

3. 制定任职条件的五大模块

公司以通用标准为纲，即可制定出所有岗位的任职资格标准，其中包括五大模块，有岗位职责、绩效与贡献、专业技能、必备知识以及基本任职条件。这样能够详细、全面地描述每一类岗位，不同能力、级别的人员，让每个人都清楚地知道，自己应该知道什么，自己能做什么，应该如何去做，以及做到哪种程度，也能够为公司选拔、培养和晋升人才的评估工作提供一定的参考依据。

如此一来，各个职业通道的不同岗位级别，在其岗位任职资格标准的5个模块内容上，都可以体现出在广度、深度以及难度等方面的差异，而且这种差异的大小会随着公司目标的发展变化、员工整体任职水平的提高而不断变化。

此外，娃哈哈公司还专门设立了修订制度，以确保公司文化、战略目标和管理要求等相关内容，能够及时转化为员工发展目标的职业化行为。

◎科学地搭建员工自我提升的平台

对于员工来说，其素质与技能的提升，是企业发展、进步的必然要求。因此，娃哈哈公司在员工培训方面，既舍得花钱，又舍得下功夫。娃哈哈公司始终坚持这样一条思路：自己的员工靠自己培养，自己人要培训自己人。

于是，娃哈哈公司每年都会组织开展视频课程的开发大赛，以激励员工成立一些课程的开发团队，对工作中一些先进的操作方法以及优秀的经验技巧等技能进行了总结，并采用视频的方式呈现给大家。

另外，公司还制定了一套内部课程的常规评审制度，以激励公司的内部培训师能够积极开发出更多的优秀课程。娃哈哈还通过一些子公司推荐、公司审核评定等形式，选拔出很多专业能力强，并具有一定授课能力的员工做公司的兼职培训师。随后，娃哈哈公司又制定了兼职培训师的激励政策，每年定期对他们取得的成绩进行表彰，这大大激发了他们的活力与责任心。

在培训方面，娃哈哈公司还自主设计、开发了一套企业定制化的信息平台资源，其中包括在线学习考试、培训信息的传播互动、培训计划与跟踪管理等内容。目前，这个平台已经达到培训全流程分级管理的无纸化操作，这大大方便了公司所有员工的培训学习。

此外，公司为了进一步提高培训的效率及针对性，还为员工专门建立了分层、分类的培训体系。比如，对于部厂级干部来说，可以着重于领导力、企业生产经营管理实践等方面的培训内容；储备干部则着重于基础管理理论、实用管理技术以及生产经营管理实践等培训内容；研发人员可以着重于行业前沿资讯及动态、本领域内的尖端技术、科研思路和方法等培训内容。

娃哈哈就这样把企业变成了员工的一所学校，使得他们能够从中逐渐学习到知识和技能，进而实现其职业上升的目标，并充分调动员工的主动性和创造性，为娃哈哈公司的发展壮大提供了无穷的动力。

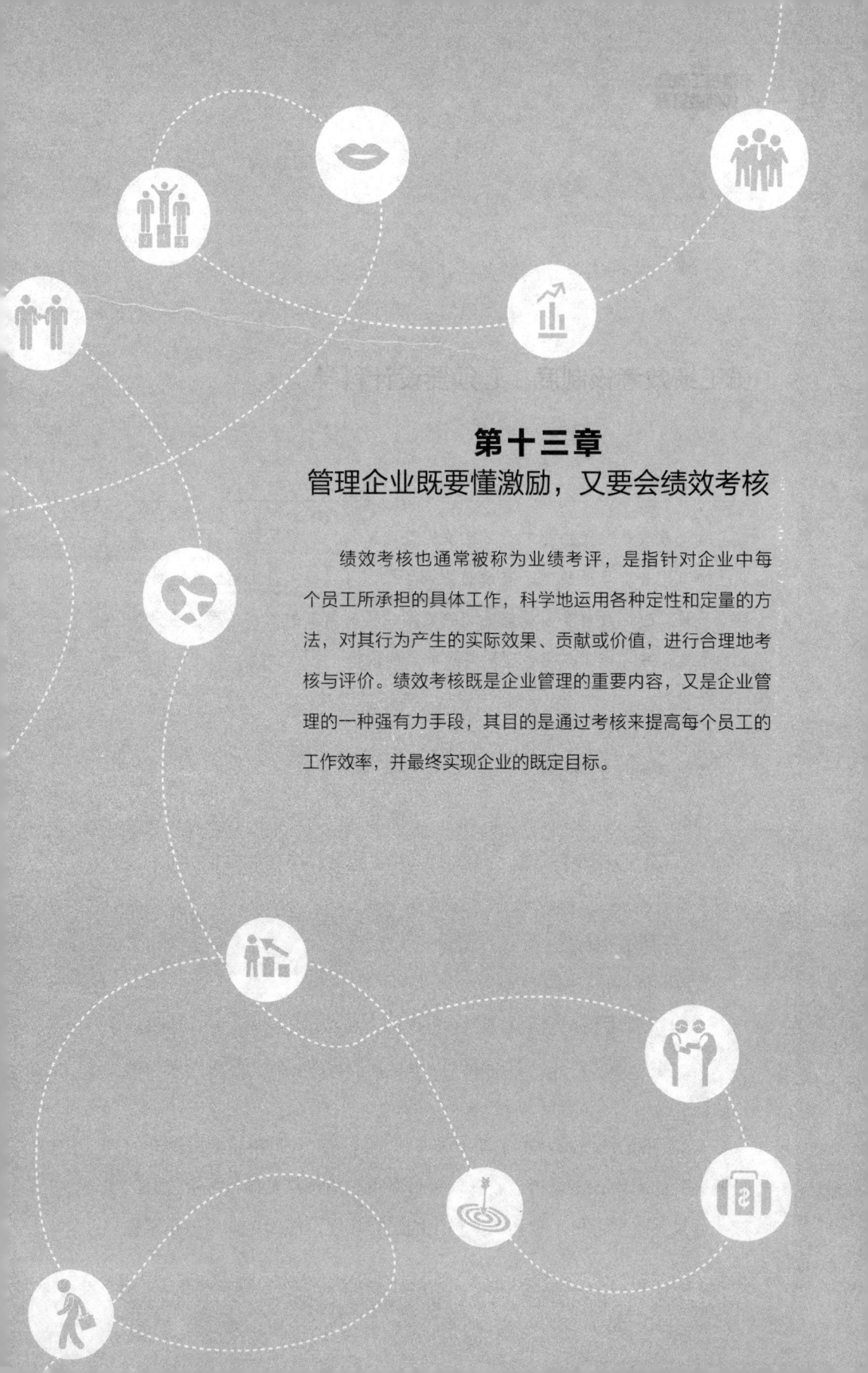

第十三章
管理企业既要懂激励，又要会绩效考核

绩效考核也通常被称为业绩考评，是指针对企业中每个员工所承担的具体工作，科学地运用各种定性和定量的方法，对其行为产生的实际效果、贡献或价值，进行合理地考核与评价。绩效考核既是企业管理的重要内容，又是企业管理的一种强有力手段，其目的是通过考核来提高每个员工的工作效率，并最终实现企业的既定目标。

员工绩效考核制度，必须要设计科学

> 绩效考核是现代企业中不可或缺的管理工具，能够反映员工的一种周期性的工作表现。而科学、有效的绩效考核，可以确定员工对于企业的贡献或不足，进而改善企业制定的相关制度，提高员工的工作效率，激励员工的士气，并可作为公平合理地奖励员工的依据。

◎绩效考核的种类

绩效考核是企业绩效管理中的一个环节。作为企业的管理人员，必须了解其分类，以便更好地对员工进行考核，提升其工作效率。一般来说，绩效考核可以按以下标准来进行分类：

1. 按照时间划分

按照时间划分，绩效考核可分为以下两类：

（1）定期考核。企业定期考核的时间，通常是一个月、一个季度、半年或者一年。另外，岗位的考核时间应该按照企业文化与岗位的特点来进行选择。

（2）不定期考核。不定期考核有两个含义：一是指企业对提升的人员所进行的考评，二是指企业管理人员对员工的日常工作状况所进行的考核。通过不定期考核了解和掌握员工的工作表现，能为定期考核积累资料提供相关依据。

2. 按照考核的内容划分

按照考核的内容划分，绩效考核可分为以下三类：

（1）特征导向型。重点是对员工的个人特质进行考核，比如诚实度、合作性、沟通能力等，也就是要考核、衡量员工的基本特点。

（2）行为导向型。重点是对员工的工作方式与工作行为进行考核，比如服务人员的微笑和态度，待人接物的方式、方法等，也就是对工作过程的考核。

（3）结果导向型。重点是对工作内容和工作质量进行考核，比如产品的产量和质量、劳动效率等。

3. 按照主观和客观划分

按照主观和客观划分，绩效考核可分为以下两类：

（1）客观考量。一般指考核定量指标，是考核可以直接量化的指标体系，比如，生产指标和个人工作指标等。

（2）主观考量。一般指考核定性指标，是由考核者按照一定标准设计的考核指标体系，来对被考核者进行的主观评价，比如员工的工作行为和工作结果等。

◎绩效考核对企业的重大意义

绩效考核作为企业管理的一个重要职能，是保证并促进企业内部管理机制有序运转、实现企业各项经营管理目标所必需的一种管理行为，能够为决策者提供企业员工的任免、激励等客观依据。因此，绩效考核对于企业来说具有非常重要的作用，具体体现在下列几个方面：

1. 任用员工的主要依据

要想判断员工适合企业的哪种职位，必须要经过绩效考核，对其综合素质进行评价，并在此基础上判断员工的能力与专长。也就是说，绩效考核是"知人、识人"的主要手段,而"知人、识人"是用人的主要前提和依据。

2. 对员工进行培训的依据

对员工进行培训是人力资源开发的一种基本手段,但是培训必须要有针对性,也就是说要针对员工的不足之处进行补充学习与训练。因此,只有全面了解员工的知识、能力结构以及优势和劣势等,才能对其进行有针对性的培训。

3. 激励员工的有效手段

激励员工的主要手段有奖励和惩罚,而奖罚分明是企业管理的一个基本原则。要做到奖罚分明,就必须对员工进行科学、严格的考核,最后以考核的结果作为依据,来决定奖罚的尺度。

同时,考核本身也是激励员工的因素。一方面,通过对员工的考核可以肯定其成绩、进步与长处,进而鼓舞员工的斗志,坚定员工的信心;另一方面,通过考核还能发现员工的缺点、不足以及错误和过失等,据此指明员工努力的方向,并促进其积极进取,保持旺盛的工作热情,出色地完成企业的目标。

4. 员工公平竞争的前提条件

一个科学的绩效考核制度,能让企业的员工在公平、公正的环境下展开竞争,以提高各自的工作业绩,进而提升企业的综合竞争力。

◎绩效考核的基本原则

一个经营管理有序的企业,一定会定期对员工进行科学、有效的绩效考核。那么,企业进行绩效考核应遵循哪些基本原则呢?

1. 公开的原则

企业的公开与开放式的评估考核,必须要做到员工评价上的公开与绝对性,这样才能取得公司员工的一致认同,并易于推行考核。此外,评价标准也要明确。

2. 严格的原则

如果企业的绩效考核不严格，就会使考核变成一种形式主义，这不但不能全面反映出员工的真实情况，而且还会造成非常消极的后果。通常，绩效考核的严格性包括：

（1）考核标准要明确。

（2）考核态度要严肃、认真。

（3）考核制度要严格，程序和方法要科学。

3. 单头考评的原则

单头考评，指的是对各级员工的考评必须由被考评者的直接上级进行。因为直接上级是最了解被考评者的实际工作表现的，也是最有可能反映真实情况的。

单头考评明确了考评的具体责任，并且让考评系统与企业系统保持一致，这更有利于加强企业的指挥机能。

4. 结果公开的原则

考核的最终结论应对考核者本人公开，这是确保绩效考核民主的重要手段。

考核结果公开，一方面，可以让被考核者熟悉自己的优缺点，使得优秀者再接再厉，继续保持，也能让考核结果差的人心悦诚服，进而迎头赶上。另一方面，结果公开还有助于防止绩效考核中可能出现的偏见和错误，以保证考核的公平、合理。

5. 与奖惩结合的原则

管理者可以按照绩效考核的结果，对员工赏罚分明，即通过工资、奖金的方式与赏罚联系起来，这样才能实现绩效考核的真正目的。

6. 考评客观的原则

要按照制度中明确规定的考评标准，来客观地对考评者进行评价，以避免管理者带入主观性和感情色彩。

7. 差别的原则

等级之间的考核要具有明显的差别界限,以针对不同的考评评语,在工资、晋升、使用等方面体现出明显的差别,这样才能让考评具有激励性,以鼓舞、激励员工的上进心。

运用KPI考核体系来激励员工

> KPI指的是"关键绩效指标",它是通过对企业内部流程中的关键参数来进行设置、取样、计算和分析,最后再衡量其绩效的一种目标式的量化管理指标。KPI可以把企业制定的战略目标分解成可操作的具体工作目标,是企业绩效管理学的基础,也是员工激励体系的主要依据。

◎KPI的原则

KPI可以让管理者明确本部门的主要责任,并以此为基础,来明确部门员工的可量化的业绩衡量指标,是绩效计划的重要组成部分。因此,建立一种明确的、切实可行的KPI体系,是做好绩效管理的关键因素。

KPI符合一个重要的管理原则,即"二八法则"。也就是说,在创造企业价值的过程中,20%的骨干人员能够创造出企业80%的价值。

将"二八法则"用在每一位员工的身上也同样适用,即工作任务中的80%是由员工的20%关键行为完成的。因此,只要我们抓住了员工20%的关键行为,就可以对其进行分析和衡量,这样也就能够抓住业绩评价的重心。

此外,确定KPI,还要遵循一个非常重要的SMART原则。SMART由5个英文单词的首字母组成:

S代表具体（Specific），指的是绩效考核必须要切中特定的工作指标，不能模棱两可。

M代表可度量（Measurable），指的是绩效指标具有数量化或者行为化的特点，以及能够获得验证这些绩效指标的数据或者信息。

A代表可实现（Attainable），指的是绩效指标能够在团队付出努力的情况下实现，以避免目标的设立过高或过低。

R代表现实性（Realistic），指的是绩效指标是实实在在的，可以进行观察和证明。

T代表有时限（Time-bound），即注重完成绩效指标的特定期限。

◎KPI的特点

KPI作为有效考核员工的指标，有其自身的特点，主要体现在以下四个方面：

1. KPI来自于对公司战略目标的分解

（1）作为衡量各个员工职位绩效的指标，KPI所体现的衡量内容，必须最终取决于公司的战略目标。如果出现KPI与公司的战略目标脱离的情况，则其所衡量职位的努力方向，也将与实现公司战略目标产生分歧。

（2）KPI能够进一步细化和发展公司的战略目标。由于公司的战略目标具有长期性、指导性和概括性，而各个职位的KPI内容十分丰富，并针对职位来设置，而且由于着眼于考核当年的工作绩效，所以具有可衡量性。这就是说，KPI能够发掘真正驱动公司战略目标实现的具体因素，并且是公司战略对各个职位工作绩效要求的具体体现。

（3）当公司战略的侧重点出现转移时，KPI必须进行修正调整，以反映公司战略所突出的新内容。

2. KPI是对绩效构成中可控部分的衡量

企业在经营活动中的效果是由内因与外因综合作用的结果。其中，内因是各个职位员工的可控制及可影响的部分，也是KPI所衡量的部分。而KPI应当反映员工工作的直接可控效果，并剔除其他人或环境所导致的其他方面的影响。举例来说，通常销售量与市场份额都可以作为衡量销售部门市场开发能力的标准，但销售量是由市场总规模与市场份额相乘之后得出的数据，其中的市场总规模是一个不可控变量。因此，两者相比之后就会发现，市场份额更能体现出职位绩效所代表的核心内容，因此其更适用于作为KPI。

3. KPI是对企业重点经营活动的衡量

企业中每个职位的工作内容都会涉及不同的方面，而高层管理人员的工作任务相比普通员工更为复杂，但KPI却只对公司整体的战略目标影响比较大，对战略目标的实现起到了不可或缺的作用，并对相应的工作进行衡量。

4. KPI是企业上下共同认可的

KPI并不是由上级强行确定而下发的一种指标，也不是由本职职位员工自己制定的。实际上，KPI的制定过程，是由上级与员工共同参与完成的，是双方所达成的一致意见的具体体现。因此，KPI不是以上压下的工具，而是企业中的相关人员对职位工作绩效要求的一种共同认识。

建立业绩评估与薪酬体系，完善激励机制

> 企业建立业绩评估与薪酬体系相对应的激励机制，需要结合员工的能力、岗位评估的结果以及市场等因素，并根据绩效考核的结果来制定。这样的薪酬体系才能够达到对外具有竞争力、对内具有公平性的良好状态。

◎ 建立企业薪酬体系的依据

企业建立的薪酬福利体系，其作用是用"利"的形态来激发员工，使其个人目标与企业目标达成统一，并实现双赢。同时，这与实现企业的经营目标与发挥员工的个人能力相辅相成，而且为了达到对员工的激励效果，薪酬福利体系还必须与员工的晋升机制挂钩。具体步骤如下：

1. 测算薪酬的总额

企业可根据本地区、同行业的具体情况，采用保持本地区的相对领先在同行业中跟随的策略。

2. 员工岗位工资的确定

可根据员工岗位价值评估的结果，以确定各个岗位的职位等级，并体现出在企业内部的公平性。具体来说，可以参照市场薪酬的水平来确定每一个与员工职位对等的起薪水平及薪酬等级，以满足对外竞争的需要。

◎以岗定薪，解决公司内部的不公平

公司中每位员工的岗位对于公司的贡献率，也就是对于公司的效益及其产生的影响是不一样的。因此，如果实行所谓的"公平分配"，实际上却是最大的不公平，这会严重挫伤核心员工的主动性与积极性，助长其消极因素，进而导致薪酬分配机制的激励和约束的作用难以得到发挥，使得公司的管理陷于困境之中。

因此，公司必须对所有岗位进行科学、合理地测评，以确定通过不同岗位的岗位工资与绩效考核的系数，来确定本岗位在整个公司和部门贡献中所占的比例，进而测算出每个岗位上的员工为公司业绩贡献的大小，然后以此来决定该岗位的工资收入。

如此一来就能够消除公司绝大多数的内部不公平，并让公司留住一些关键岗位的人员。对于那些测评系数相对比较低的人员，公司也可以既保证他们的利益，又让其处境保持相对稳定。公司还可以按照员工的实际能力与业绩，通过竞聘上岗的形式来给他们一定的机会。如果员工调岗或晋升成功的话，再给予其相应岗位的薪酬。

◎解决对外部公平的问题

一些公司的中高层管理员都属于谈判工资制，而且不能根据公司的薪资制度程序走，通常要公司的领导特批。如果公司是这样的薪资制度，那么在中高层管理人员的眼中就会失去意义。

另外，对普通员工来说，随着我国劳动力的逐渐紧缺，提高普通员工的工资已成为大势所趋，这让公司的招聘工作变得非常被动，有时甚至招聘了一些不太符合条件的员工。

如果公司能够建立一套新的薪酬制度，对于公司的中高层可以采取年薪制度的方式来体现。而对于一般员工，如果他们符合岗位所要求的具有

一定的操作和技术水平，则可以给其支付一份在本地区和同行业来看处于领先水平的工资。

这样，公司招聘员工时就可以提高主动性，在一定的时间和范围内，对公司需要的员工进行有目的的选择，并且可以有效地执行公司的招聘计划。

建立完善的绩效考核体系，即可实现同功同酬

当公司确定好各个岗位不同的岗位工资以后，即可再建立一整套完善的绩效管理体系。那么，公司在具体执行绩效考核时，有哪些事项需要注意呢？

1. 目标导向

当公司确定战略发展目标以后，接下来就要确定公司的各项年度目标，然后再围绕公司的年度目标，进一步确定各个部门的年度目标。最后再从年度目标中，分解出各个月度目标以及当月工作、任务的重点情况。这样就可以将各个部门的目标与公司的整体目标密切联系在一起，而且这样的目标还有很好的导向。

2. 调整权重

公司在考核项目的设定上，要紧扣公司指标与年度指标，并结合公司各个部门的当月重点工作任务来设定每个月的绩效考核计划。而且随着公司管理部门绩效执行的加强，再适当调整绩效考核的项目，以及调整相关的权重。

3. 提高考核的公平性

在绩效考核的项目中，可以设定一些具体、量化的数据指标让考核者有一个考核的标准与依据，使得考核变得更加透明化，并且保证考核的公平性。

4. 考核的计划和指标要及时沟通

公司在制订绩效计划前以及在具体执行考核的时候，考核者与被考核者应当先对考核指标或完成情况进行预先沟通，以便及时了解绩效考核的相关情况。此外，为了保证执行绩效计划的公平性和有效性，在考核体系中，还应配有计划追踪单、申诉单，以及未达原因情况说明等相关规定或程序。

5. 加强考核效果

通过的绩效考核结果的应用，将考核结果作为员工工资收入、晋升、培训等相关激励方法的重要依据，这样才能真正加强考核的效果。

◎用绩效考核的指标来驱动公司的未来战略

在公司的绩效考核中，首先应当明确在各个部门的各项工作中，有哪些内容或项目是影响公司整体业绩，以及实现公司未来发展目标的。只有明确这些内容或项目以后，才能成为这个部门的KPI。

接下来，我们就可以通过设定KPI来确定部门中各个岗位的核心工作，虽然说部门的核心工作通常只占全部工作内容的20%左右，但这些工作往往需要员工投入80%左右的时间与精力，才能将其做好。

因此，在公司整个绩效考核体系中，重点与难点就在于确定各个岗位的KPI，这个环节的好坏往往会决定整个绩效考核体系的成败。因为一个有效的绩效考核体系，可以积极地引导、激励员工向上的行为。而只有各个部门与各个岗位能够达成各自的业绩指标，公司的总目标才能相应地实现。

附录：松下幸之助激励员工的21条诀窍

松下幸之助是日本松下电器公司的创始人，被誉为"经营之神"。松下幸之助认为，一个人的能力是极其有限的，如果公司只靠一个人的智慧来指挥一切，即便是能够取得一时的进展，也总会有行不通的一天。

因此，在松下幸之助的倡导下，松下电器公司既不是靠总经理经营，也不是靠干部经营，而是凭借公司全体员工的智慧经营。

总的来说，松下公司非常注重对员工的激励。为此，松下幸之助每周都要在员工大会上演讲，并亲自制定松下公司的员工守则，以及创作松下公司的歌曲，这让松下公司的团队凝聚力大大提升，员工们都以作为松下的一员而自豪。

因此，松下公司几乎没有出现过劳资纠纷，而且像"终身雇佣制""年功序列"等非常著名的日本企业管理制度，都是由松下公司首创的。

后来，松下幸之助在他的著作中，总结了他一生的管理经验，并提出了下面的21条诀窍来激励员工。

（1）让每个员工都能了解自己的地位，管理者不要忘记定期与他们讨论工作表现。

（2）经常给予员工奖赏，但奖赏必须与成就相当。

（3）如果发生某种改变，要事先通知员工。如果员工能够事先接到通知，其工作效率一定会非常高。

（4）让员工经常参与讨论与他们密切相关的计划和研究决策。

（5）给员工以充分的信任，就会赢得他们的忠诚与依赖。

（6）亲自接触员工，了解他们的兴趣、爱好、习惯以及敏感事物等，对他们的认识就是管理者的资本。

（7）注意经常聆听下属员工的建议。

（8）当发现员工的举止反常时，应当多加注意并及时追查。

（9）管理者的想法应尽可能委婉地让员工知道，因为谁都不喜欢被蒙在鼓里。

（10）在做工作前，如果向员工解释清楚工作的目的，他们就会把工作做得更好。

（11）管理者犯错误时，也要立即承认，并表示自己的歉意。如果推卸责任或责怪旁人，别人一样会看不起你。

（12）告诉员工他所担负职务的特殊重要性，使其有责任感。

（13）提出建议性的批评时要有理由，并帮助员工找出改进的方法。

（14）在责备员工前，先指出他的优点，并表示你只是希望能够帮助他。

（15）管理者要以身作则，为员工树立榜样。

（16）管理者要言行一致，不能让员工搞不清自己究竟应该做什么。

（17）把握住任何机会向员工表明你为他们感到骄傲，并激发出他们最大的潜力。

（18）如果有员工发牢骚，就要立即找出他的不满之处。

（19）尽最大可能来安抚员工的不满情绪，否则，其他人也会受到影响。

（20）制定长、短期的目标，以此来衡量自己取得的进步。

（21）要坚决维护员工应有的权利和责任。